영어 순발력 챌린지

지은이 일간 소울영어
펴낸이 임상진
펴낸곳 (주)넥서스

초판 1쇄 발행 2025년 4월 10일
초판 2쇄 발행 2025년 4월 15일

출판신고 1992년 4월 3일 제311-2002-2호
주소 10880 경기도 파주시 지목로 5
전화 (02)330-5500 팩스 (02)330-5555

ISBN 979-11-94643-02-9 13740

저자와 출판사의 허락 없이 내용의 일부를
인용하거나 발췌하는 것을 금합니다.
저자와의 협의에 따라서 인지는 붙이지 않습니다.

가격은 뒤표지에 있습니다.
잘못 만들어진 책은 구입처에서 바꾸어 드립니다.

www.nexusbook.com

막상 영어 말하기를 하려면 **말문이 막혔던 사람들을 위한 책**

영어 순발력 챌린지

일간 소울영어 지음

넥서스

머리말

영어로 말하고 싶은 문장이 있는데
막상 말하려고 하면 생각이 안 날 때 보는 책

우리가 영어를 못하는 진짜 이유, 단어를 몰라서가 아닙니다. 아는 것 같지만, 정확하게 알지 못하기 때문이죠. 그래서 막상 입을 열려고 하면 단어를 어렴풋이 알 것 같은데 선뜻 떠오르지 않는 경험을 하게 됩니다.

"웃음을 참다"이게 맞나?
"당분간"이 영어로 뭐지?

이렇게 쉬운 단어도 바로 영어로 떠오르지 않는 이유는 상황을 떠올려 보지 않고 우리말 뜻만 달랑 외웠기 때문입니다. 그러니 실전에서 당장 순발력을 발휘해야 할 때 맥락을 몰라 머뭇거리게 됩니다.

영어 학습법 중 흔히 하는 조언 중 하나로 영영사전을 보라는 말이 있습니다. 저 역시 20년 넘게 영어를 가르치고, 유튜브에서 60만 명이 넘는 구독자들과 소통하면서 영어 공부법을 묻는 사람들에게 같은 조언을 했습니다. 그런데 정작 현실에서는 쉽지 않다는 걸 실감했어요. 모르는 단어로 가득한 영영사전이 오히려 영어 학습에 방해가 되기도 합니다.

그래서 고민했습니다. 어떻게 하면 단어를 더 쉽게, 그리고 '실제 상황 속에서' 익힐 수 있을까? 그렇게 탄생한 것이 이 책입니다. 영영사전을 보지 않더라도, 퀴즈를 풀면서 저절로 표현의 맥락을 떠올릴 수 있도록 만들었습니다.

여러분, 영어 말하기는 '암기'가 아닙니다. '감각과 순발력'입니다. 오늘부터 단어 뜻만 외우는 공부가 아니라, 상황이 떠오르고, 몸이 반응하는 영어 공부를 시작해 보세요. 머릿속에 붕 떠 있던 영어 단어들이 하나씩 뚜렷해지는 순간을 경험하게 될 겁니다!

저자 일간 소울영어(레바 김)

이 책의 활용법

⊙ 영어 순발력을 키우는 100가지 문제를 풀며 학습해 보세요.

1. 문제 풀기
기능별, 주제별로 영어 순발력을 키우는 100가지 문제를 수록하였습니다. 정답은 바로 다음 페이지에 있습니다. 정답을 미리 보지 않도록 주의해 주세요.

2. 이해를 돕는 이미지
문제를 풀 때 좀 더 이해하기 쉽도록 관련 이미지를 수록하였습니다.

3. 정답 확인하기
정답을 확인하며 자신이 선택한 것과 비교해서 보세요. 관련 설명을 확인하고, 오답은 왜 오답인지 확인해 보세요.

4. 뉘앙스 차이 이해하기
선택지에 제시된 표현 중에서 애매한 표현의 뉘앙스 차이에 대해서 정리하였습니다.

원어민 MP3 듣기

❶ 스마트폰에서 MP3 바로 듣기

스마트폰으로 QR코드를 인식하면 MP3를 바로 들을 수 있습니다.

❷ 컴퓨터에서 MP3 다운받기

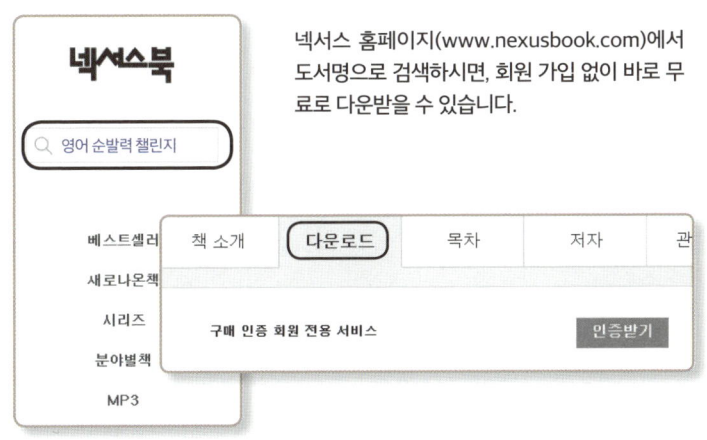

넥서스 홈페이지(www.nexusbook.com)에서 도서명으로 검색하시면, 회원 가입 없이 바로 무료로 다운받을 수 있습니다.

CONTENTS

Chapter 01 기능별 순발력 챌린지

Q 1	데워 줘.	15
Q 2	접시들 좀 치워 주세요.	17
Q 3	요즘 일을 쉬고 있어.	19
Q 4	맡겨 두세요.	21
Q 5	코드 좀 꽂아 줘.	23
Q 6	나 왔어!	25
Q 7	데려다줘.	27
Q 8	내 거 남겨 줘.	29
Q 9	색깔이 나랑 안 맞아.	31
Q 10	외모를 꾸미는 걸 좋아해.	33
Q 11	야채 좀 물에 헹궈 줘.	35
Q 12	웃음을 참았어.	37
Q 13	빨래를 털어 줘.	39
Q 14	단추 좀 잠가.	41
Q 15	그는 팀원 관리를 잘해.	43
Q 16	잘 가지고 계세요.	45
Q 17	할 일을 미룬다.	47
Q 18	거절했어야지.	49
Q 19	생활비를 아껴 쓰자.	51
Q 20	얼굴에 뭐가 묻었어.	55
Q 21	걔한테 답을 분명하게 해 줘.	57
Q 22	손을 베였어.	59
Q 23	주차 금지라고 쓰여 있어.	61

Q 24	말을 못하게 막았어.	63
Q 25	여기 어디야?	65
Q 26	저 사람 TV에 나와.	67
Q 27	나 치아 스케일링 받았어.	69
Q 28	깨끗하게 사용해 주세요.	71
Q 29	먼저 먹으라고 해.	73
Q 30	이상하게 쳐다봤어.	75
Q 31	이거 좀 해 줘.	77
Q 32	저 아세요?	79
Q 33	천천히 살펴봐.	81
Q 34	일단 비밀로 하자.	85
Q 35	문을 살살 닫았어.	87
Q 36	결국엔 취소했어.	89
Q 37	그는 지각할 뻔했어.	91
Q 38	살이 쭉 빠졌어.	93
Q 39	돈을 막 써.	95
Q 40	그는 코를 심하게 골아.	97
Q 41	직접 만나서 이야기해.	99
Q 42	잠을 푹 못 잤다.	101
Q 43	무조건 사세요!	103
Q 44	애초에 어려운 일이었어.	105
Q 45	일을 대충 한다.	107
Q 46	꼭 챙겨 와.	109

Chapter 02 주제별 순발력 챌린지

Q 47	너무 당황스러웠어.	115
Q 48	잘해! 화이팅!	117
Q 49	나 요즘 힘들어.	119
Q 50	속상해.	121
Q 51	네 덕이 크다.	123
Q 52	해결되어 다행이야.	125
Q 53	요리하기 귀찮아.	127
Q 54	그동안 고생했다.	129
Q 55	실감이 안 난다.	131
Q 56	아쉽다.	133
Q 57	진이 빠진다.	135
Q 58	안도했어.	137
Q 59	눈치가 보였어.	139
Q 60	뜬금없네.	141
Q 61	고기가 덜 익었다.	145
Q 62	국물이 시원해.	147
Q 63	김치가 아삭하다.	149
Q 64	맛이 느끼하다.	151
Q 65	반숙으로 삶아 줘.	153
Q 66	막걸리가 걸쭉하다.	155
Q 67	김치가 새콤하다.	157
Q 68	맛이 갔다.	159
Q 69	면발이 쫄깃하다.	161
Q 70	얼른 드세요.	163
Q 71	설탕 섭취 좀 줄여.	165
Q 72	음식이 질려.	167
Q 73	김치가 잘 익었네.	169

Q 74	부티난다.	173
Q 75	날씬해졌어.	175
Q 76	머리숱이 많다.	177
Q 77	옷이 너무 요란하다.	179
Q 78	오늘 스타일 좋은데!	181
Q 79	몸이 탄탄해.	183
Q 80	옷이 노출이 심해.	185
Q 81	너한테 잘 어울려.	187
Q 82	머리카락이 엉켰어.	189
Q 83	단추가 떨어졌어.	191
Q 84	선크림을 꼭 발라.	193
Q 85	꾸안꾸	195
Q 86	눈이 부었어.	197
Q 87	마음이 여려.	201
Q 88	주도적이야.	203
Q 89	성격이 급해.	205
Q 90	생활력이 있어.	207
Q 91	호감형이야.	209
Q 92	너무 오지랖이야.	211
Q 93	애가 순하네.	213
Q 94	애가 당돌하네.	215
Q 95	애가 유난이야.	217
Q 96	걔 츤데레야.	219
Q 97	걔는 정신이 없어.	221
Q 98	짜증을 내다.	223
Q 99	그 사람 좀 쎄해.	225
Q 100	소탈한 사람이야.	227

기능별 순발력 챌린지

동사

데워 줘.

차갑게 식은 음식을 다시 따뜻하게
데울 때 전자레인지를 많이 사용하죠.
이렇게 전자레인지로 음식을 데우는 것을 가장
적절하게 표현할 수 있는 동사는 무엇일까요?

 Ⓐ Steam it in the microwave.
 Ⓑ Heat it in the microwave.
 Ⓒ Boil it in the microwave.
 Ⓓ Cook it in the microwave.

❈ 정답 Ⓑ Heat it in the microwave.

일상에서 자주 쓰이는 익숙한 동사들도 막상 말하려고 하면 헷갈리는 경우가 있습니다. 요리에 대한 동사들도 마찬가지인데요. '데우다'의 의미는 '열을 가해서 다시 뜨겁게 만드는 것'이므로 영어로는 'heat(뜨겁게 데우다)'을 쓰면 됩니다. 음식을 따뜻하게만 데우는 뉘앙스라면 'warm(따뜻하게 하다)'도 쓸 수 있습니다.

또한, 보일러로 실내 온도를 올리는 상황에서도 헷갈릴 수 있는데요. 이때도 'heat the room' 또는 'warm the room'이라고 하면 됩니다.

↳ **오답** Ⓐ 이것 좀 전자레인지에 쪄 줘. → steam은 '찌다'라는 의미. 물을 끓여 나오는 증기로 익히는 요리법으로, 음식을 데운다는 의미와는 다름

Ⓒ 이것 좀 전자레인지에 끓여 줘. → boil은 '끓이다'라는 의미로, 물을 끓여 조리할 때 씀

Ⓓ 이것 좀 전자레인지에 조리해 줘. → cook은 차가운 음식을 데우는 것보다는 간편 조리식처럼 전자레인지로 완전히 조리되는 상황에 씀

❈ 뉘앙스 차이 이해하기

warm **데우다, 따뜻하게 하다**
Can you warm the soup a little? It's too cold.
수프 좀 살짝 데워 줄래? 너무 차가워.

heat **가열하다, 끓이거나 뜨겁게 만들다**
I heated some milk for my coffee.
나는 커피에 넣으려고 우유를 데웠다.

cook **요리하다, 조리 과정을 거쳐 음식을 만들다**
I love to cook pasta with fresh ingredients.
나는 신선한 재료로 파스타 요리하는 것을 좋아한다.

접시들 좀 치워 주세요.

음식점에서 직원에게 다 먹은 그릇을
치워 달라고 요청할 때가 있죠.
이런 상황에서는 어떤 동사를 사용해야 적절할까요?

- Ⓐ Could you clear the plates, please?
- Ⓑ Could you tidy up the plates, please?
- Ⓒ Could you clean the plates, please?
- Ⓓ Could you do the plates, please?

✿ 정답 Ⓐ Could you clear the plates, please?

우리말에서는 '방을 치우다', '물건을 치우다', '책상 위를 치우다'처럼 '치우다'가 다양한 맥락에서 사용됩니다. 하지만 영어에서는 상황에 따라 각기 다른 동사를 사용하기 때문에 헷갈릴 수 있어요. 그중에서도 clear 동사는 무언가를 치워 '공간을 비우는 행동'을 묘사해요. 그러니까 접시들을 치워 테이블 위를 비워 달라고 요청할 때 clear가 적절하겠죠. 또는 접시들을 직원에게 가져가 달라는 것이니까 'take away the plates'라고 해도 좋답니다.

↳ **오답**　Ⓑ 이 접시들 좀 정리 정돈해 줄래요?
　　　　Ⓒ 이 접시들 좀 닦아 줄래요?
　　　　Ⓓ 이 접시들 좀 닦아 줄래요?

✿ 뉘앙스 차이 이해하기

clear　치우다, 비우다, 물건을 치워 공간을 비우다
We need to clear the garage before we can park the car inside.
차를 안에 주차하기 전에 먼저 차고를 비워야 해.

tidy up　정리 정돈하다, 제자리에 물건을 두다
Can you tidy up your room before dinner?
저녁 먹기 전에 방 좀 정리해 줄래?

clean　청소하다, 먼지나 더러움을 닦아서 깨끗하게 만들다
I clean the kitchen every time after cooking.
나는 요리하고 나면 매번 주방을 청소해.

Q3

요즘 일을 쉬고 있어.

개인적인 사정으로 당분간 일을 하지 않고 쉬고 있는 상황입니다. 누군가에게 직장을 잠시 떠나 있거나 하던 일을 멈춘 상태임을 전할 때, 가장 적절한 표현은 무엇일까요?

Ⓐ I'm resting my work for now.
Ⓑ I've been taking it easy at work these days.
Ⓒ I'm taking a break from work these days.
Ⓓ I'm relaxing at work recently.

❈ 정답   ⓒ I'm taking a break from work these days.

우리말 '쉬다'에 해당하는 영어 표현은 매우 다양합니다. 그래서 맥락에 맞게 정확히 구분하는 것이 중요해요. 진행 중인 일을 잠시 멈췄다가 다시 한다는 뉘앙스를 줄 때는 'take a break'가 적절합니다. 이 표현은 일, 학업, 연애 등 다양한 상황에서 잠시 거리두기나 휴식기를 갖는다는 의미입니다.

반면, 'rest'는 주로 수면이나 정적인 활동을 통해 몸과 마음을 회복하는 휴식을 뜻해요. 즉, 사람이 피로를 풀기 위해 쉬는 상황에서 사용되며, '일을 쉰다'는 의미로는 잘 쓰이지 않습니다.

↳ 오답
Ⓐ rest는 '휴식을 취하다'는 뜻으로 '일을 쉬다'에는 어울리지 않음
Ⓑ 일은 하고 있지만 업무 강도를 줄였다는 의미
Ⓓ 직장에서 편안하게 있다는 뜻

❈ 뉘앙스 차이 이해하기

take a break   일시적으로 활동을 중단하고 중간에 잠시 쉬다
I'm taking a break from school this semester.
이번 학기는 학교를 쉬기로 했어.

rest   피로를 풀고 몸이나 정신을 회복하기 위해 쉬다(주로 수면 등의 휴식)
I need to rest after a long day at work.
직장에서 힘든 하루가 끝나고, 충분히 쉬어야겠어.

take it easy   무리하지 않고 쉬엄쉬엄하다
You've been working hard lately — take it easy this weekend.
요즘 너무 열심히 일했잖아. 이번 주말엔 좀 느긋하게 보내.

맡겨 두세요.

물건을 직접 건네지 못할 때는 다른 사람이나 장소에 대신 맡겨 둘 때가 있는데요. "택배는 옆집에 맡겨 두세요."라고 말하고 싶다면 어떤 동사를 쓰는 것이 적절할까요?

Ⓐ You can assign the package to my neighbor.
Ⓑ You can deposit the package with my neighbor.
Ⓒ You can leave the package with my neighbor.
Ⓓ You can store the package with my neighbor.

🌸 정답   ⓒ You can leave the package with my neighbor.

우리말의 '맡기다'는 '아이를 맡기다, 돈을 맡기다'처럼 책임을 부여하거나 중요한 역할을 맡기는 진지한 뉘앙스를 가진 단어입니다. 그래서 영어로도 거창한 단어들만 입가에 맴돌 수 있죠.

하지만 실제로는 일상적인 단어들을 사용해 쉽게 표현합니다. 물건을 맡긴다는 것은 어딘가에 두고 가는 것을 의미하므로, '남겨 두다, 놓아두다'라는 뜻의 'leave'를 사용하면 됩니다. 또한, 다른 누군가에게 전해 주거나 맡긴다는 의미로 hand over(건네주다)나 give to(~에게 주다)와 같은 쉬운 동사들로도 표현할 수 있답니다.

> **오답**
> Ⓐ assign(배정하다)는 좌석, 업무, 책임 등을 누구에게 정해 줄 때 쓰는 동사
> Ⓑ deposit(예치하다)는 은행에 돈을 맡기거나 보증금을 걸 때 쓰는 동사
> Ⓓ store(저장하다)는 일시적 보관보다는 장기적으로 따로 장소를 마련하여 저장한다는 의미의 동사

🌸 뉘앙스 차이 이해하기

leave   무언가를 어딘가에 두고 떠나다
I left the documents on your desk.
서류는 책상 위에 두었습니다.

deposit   예금이나 보증금 등을 맡기다
He deposited his valuable in a safe.
그는 금고에 귀중품을 맡겼다.

assign   업무, 역할, 책임 등을 배정하다
The manager assigned the task to John.
매니저가 존에게 업무를 배정했다.

코드 좀 꽂아 줘.

휴대폰 충전기나 전자 제품의 코드를
벽에 있는 전기 콘센트에 꽂아서 쓰죠.
이때 꽂는 동작을 영어로 어떻게
표현해야 자연스러울까요?

Ⓐ Can you insert it?
Ⓑ Can you put the concent in?
Ⓒ Can you plug it in?
Ⓓ Can you put the cord in?

🍀 정답 ⓒ Can you plug it in?

우리말에서 '꽂다'는 좁은 공간에 무언가를 끼워 넣는 동작을 묘사합니다. 이 하나의 단어가 다양한 상황에서 쓰입니다. 전기 코드를 꽂거나 카드를 단말기에 꽂는 것처럼 말이죠. 하지만 영어에서는 전기 코드를 꽂는 동작에 대해서는 별도의 동사를 사용하는데요, 바로 'plug'입니다.
plug는 원래 구멍을 막는 '뚜껑'이나 '마개'를 가리키는 단어입니다. 전기 소켓을 보면 구멍이 있죠? 그 구멍을 막기 때문에 plug가 명사로는 '전기 플러그', 동사로는 '전기 플러그를 꽂다'라는 뜻이 된 것입니다. 우리말의 '코드(cord)'라는 표현은 '전선'만을 뜻합니다. 전기 콘센트라는 표현은 콩글리시로 outlet(미국식) 또는 socket(영국식)이 맞는 표현입니다.

↳ 오답
Ⓐ insert(끼워 넣다)는 열쇠나 파일 등을 정확하게 넣을 때 씀
Ⓑ 콘센트(concent)는 잘못된 영어 표현으로 실제 쓰이지 않음
Ⓓ 코드(cord)는 전선이라는 뜻으로 어색함

🍀 뉘앙스 차이 이해하기

plug in 전자기기를 콘센트에 꽂다
The charger got unplugged. Could you plug it in?
충전기 코드가 빠졌어. 코드 좀 꽂아 줄래?

insert 동전, 카드 등을 작은 틈새에 끼우거나 삽입하다
Insert your card into the reader.
단말기에 카드를 꽂으세요.

put in 물건을 용기나 공간 안에 넣다
Put the pens in the pen holder.
펜들을 연필꽂이에 꽂아라.

나 왔어!

아는 사람 집에 방문하거나 집에 도착했을 때
아무도 보이지 않으면
"나 왔어!"라고 말해서 도착을 알리죠.
영어에서는 어떤 동사를 써야 자연스러울까요?

ⓐ I've arrived!
ⓑ I reached here!
ⓒ I came here!
ⓓ I am here!

🌸 정답 ① I am here!

영어에서는 '행동(동작)'과 '상태'를 구분해서 표현하는 경향이 있습니다. 그래서 도착하는 '동작'을 강조하려는 의도가 아니라면 이미 거기에 있다는 '상태'를 표현하는 동사를 써야 해요. 어딘가에 있는 상태를 나타낼 때는 'be 동사+위치를 나타내는 표현'을 쓰면 됩니다. 가령, 자리를 비우고 다른 도시에서 휴가 중일 땐 "I am away.", 집에 도착했을 때 "저 왔어요!"는 "I am home!"이라고 하죠.

반면 arrive는 '시간과 장소에 맞게 도착'했다는 것을 강조할 때 써요. 주로 음식 배달이 도착했거나, 비행기가 도착했을 때, 약속 시간에 맞춰 도착할 때 쓰입니다.

↳ **오답** Ⓐ 의미는 통하지만 "내가 왔도다!"처럼 들릴 수 있음
Ⓑ 'reach'는 목표 지점에 도달했다는 의미로 단순히 도착을 알릴 때는 잘 쓰지 않음
Ⓒ 나 여기 왔었어. → 과거에 왔다는 말로 들리며 도착의 '상태'를 알리는 말로는 어색함

🌸 뉘앙스 차이 이해하기

be+위치 **어디에 도착했음을 캐주얼하게 알릴 때 쓰는 표현**

I'm home!
저 왔어요!

I'm at your door.
나 너희 집 문 앞이야.

I am back.
나 돌아왔어.

arrive **시간이나 장소에 맞춰 정확히 도착하다는 뜻으로 공식적 또는 객관적인 상황에서 더 자주 사용됨**

I arrived at the meeting 10 minutes early.
나는 회의에 10분 일찍 도착했다.

데려다줘.

누군가에게 어디에 데려다달라고 부탁할 때가 있죠.
상대의 차로 '쇼핑몰에 데려다줄 수 있냐'고 물을 때
영어로는 어떤 동사를 쓰는 것이
가장 자연스러울까요?

Ⓐ Can you pick me up to the shopping mall?
Ⓑ Can you take me to the shopping mall?
Ⓒ Can you bring me to the shopping mall?
Ⓓ Can you walk me to the shopping mall?

✿ 정답 Ⓑ Can you take me to the shopping mall?

우리말에서는 사람과 물건의 이동을 구분하여 표현합니다. 그래서 '데려오다, 데려가다, 데려다주다, 가져오다, 가져가다, 가지러 가다' 같은 많은 동사들이 있습니다. 게다가 '모시러 오다' 같은 존댓말도 있죠.

하지만 영어에서는 물건과 사람을 딱히 구분하지 않고, 존대어도 없습니다. 대신, 다음 두 개의 동사를 구분하는 것이 중요한데요. 보통 말하는 사람에게 가까이 가져오는 움직임은 'bring', 말하는 사람에게서 멀어지거나 혹은 제3의 장소로 이동하는 경우에는 'take'를 써서 표현합니다. "쇼핑몰에 데려다줘."는 제3의 장소로 이동하는 것이니 take를 씁니다.

↳ 오답
Ⓐ pick up은 누군가를 차에 태워 오는 행위를 말하며, 쇼핑몰로 데리러 와 달라는 요청이라면 "Pick me up at the shopping mall."이 맞음

Ⓒ bring은 말하는 사람이 있는 곳으로 무언가를 가져오라는 의미로, 이 문맥에서는 어색함

Ⓓ walk me는 걸어서 데려다주는 것으로, 차로 데려다달라고 할 때는 'drive me'를 써야 함

✿ 뉘앙스 차이 이해하기

take 말하는 사람으로부터 멀어지거나 다른 장소로 이동할 때
Can you take my father home later?
이따 우리 아버지 좀 댁에 모셔다드릴 수 있어?

bring 말하는 사람이 있는 곳으로 이동할 때
Can you bring Jane home after school?
학교 끝나고 제인 좀 집으로 데려와 줄래?

내 거 남겨 줘.

식사 중에 일이 있어서 자리를 비우면서 나중에 먹을 테니 남겨 달라고 말할 때가 있죠. 이때 '남기다'는 어떤 동사를 써야 적절할까요?

Ⓐ Store some food for me, please.
Ⓑ Please keep my food.
Ⓒ Please leave some for me.
Ⓓ Can you remain some food for me?

✿ 정답 ⓒ Please leave some for me.

leave는 양면적인 의미를 가진 동사입니다. '떠나다'라는 뜻과 '남겨 두다'라는 의미를 동시에 가지고 있죠. 누군가가 떠난다는 것은 무언가가 남겨질 수 있다는 점에서 두 의미가 연결되기 때문입니다. leave는 의도적으로 음식의 일부를 남길 때도 쓰이지만, 배불러서 자연스럽게 남기는 경우에도 사용할 수 있습니다.

또한, save 동사를 써도 좋습니다. save는 좀 더 계획적이고 의도적인 뉘앙스로 '나중을 위해 남겨 두다'라는 의미를 가집니다. save가 주로 '돈이나 자원을 다 쓰지 않고 아껴 두다'라는 뜻이 있기 때문입니다.

↳ 오답
- Ⓐ store는 창고나 정해진 장소에 저장한다는 의미로 너무 딱딱하게 들림
- Ⓑ keep은 냉장고 등에 보관해 달라는 의미로 이 맥락에선 모호해서 어울리지 않음
- Ⓓ 문법적으로 틀린 문장. remain은 '남다'라는 의미로, 목적어와 함께 쓰일 수 없는 동사

✿ 뉘앙스 차이 이해하기

leave 음식을 남기다(의도하지 않고 배불러서 남기는 것일 수도 있음)
He left some of his sandwich on the plate.
그는 샌드위치를 접시에 조금 남겼다.

remain 음식이 남아 있다, 목적어와 함께 쓰이지 않음
Only a few slices of cake remained after the party.
파티 후에 케이크 몇 조각만 남아 있었다.

색깔이 나랑 안 맞아.

옷의 색깔이나 디자인 등 스타일과
취향이 나와 안 맞을 때가 있죠.
이럴 때 '맞다', '안 맞다'는 어떤 동사를
써서 표현해야 자연스러울까요?

Ⓐ The color doesn't really fit me.
Ⓑ The color doesn't really match me.
Ⓒ The color isn't really appropriate for me.
Ⓓ The color doesn't really suit me.

🍀 정답 ① The color doesn't really suit me.

우리말에서 '맞다'는 다양한 의미가 있습니다. 가령, '크기가 맞다, 기준에 적합하다, 옳다, 어울리다' 등의 의미로 쓰입니다. 하지만 영어에서는 상황에 따라 각기 다른 동사를 쓰기 때문에 헷갈릴 수 있습니다. 그중에서도 suit은 명사로는 '정장, 슈트'의 뜻이 있죠. 그 사람에게 맞춰서 만든 옷이라는 뜻인데요. 동사로 suit은 무언가가 한 사람의 취향, 외모, 성향 등과 잘 맞는다는 의미입니다.

반면 fit은 옷이나 물건 등의 사이즈나 공간의 크기가 맞다는 의미입니다. 그러니까 suit은 '주관적인 의미의 맞다, 어울리다', fit은 '물리적이고 객관적인 의미의 맞다'에 해당됩니다.

↳ 오답 Ⓐ fit은 색깔보다는 사이즈나 형태에 대해 이야기할 때 더 자연스러움
　　　　 Ⓑ 어색한 문장으로 match는 두 대상이 서로 잘 어울릴 때 쓰며, 사람과 색이 잘 어울린다는 상황에서는 쓰지 않음
　　　　 Ⓒ appropriate은 장소에 맞지 않거나 부적절하다는 의미

🍀 뉘앙스 차이 이해하기

suit　(상황, 성향, 취향 등이) 맞다, 어울리다, 주관적인 의견을 표현
Bright colors don't suit me.
밝은 색은 나한테 안 어울려.

fit　(물리적 사이즈, 기준 등에) 맞다, 객관적인 사실을 표현
These jeans don't fit me.
이 청바지는 내 사이즈에 안 맞아.

match　(사물끼리, 색상이) 조화되다, 일치하다, 색깔을 맞췄다거나 물건들이 서로 잘 어울린다
That shirt matches the color of your eyes.
셔츠가 너의 눈 색깔과 잘 어울려.

외모를 꾸미는 걸 좋아해.

옷이나 액세서리를 고르고 치장하는 것을
우리말로는 '꾸민다'고 표현하죠.
패션에 관심이 많고 꾸미기를 좋아한다면
영어로는 뭐라고 표현해야 자연스럽게 들릴까요?

     Ⓐ I enjoy decorating.
     Ⓑ I enjoy getting ready.
     Ⓒ I enjoy styling myself.
     Ⓓ I enjoy making up myself.

✖ **정답** ⓒ **I enjoy styling myself.**

옷과 헤어 등을 잘 어울리게 꾸미는 것을 강조할 땐 'style(스타일을 만들다)'이라는 표현을 사용합니다. 이 동사는 개인의 미적 취향과 감각을 발휘한다는 뉘앙스를 줍니다. 'get ready(준비하다)' 역시 맥락은 다르지만 '꾸미다'의 의미로 자주 쓰이는 표현입니다. 특히 '외출을 위해 옷을 차려 입고 꾸민다'는 의미로 쓰입니다.

문화 차이 때문이긴 하지만, 영어에서는 'improve my appearance(외모를 가꾸다)' 같은 직접적인 표현은 잘 사용하지 않아요. 대신 'take care of myself(자신을 잘 돌보다)'나 'style myself(스타일을 잘 꾸미다)'처럼 간접적인 표현을 선호하는 경향이 있습니다.

↳ **오답** Ⓐ 나는 (공간이나 물건을) 장식하는 것을 즐긴다.
　　　Ⓑ 나는 외출 준비를 즐긴다. → 꾸미는 행위에 대한 즐거움을 표현하지는 못함
　　　Ⓓ 문법적으로 어색함. '화장하다'는 'put on makeup'

✖ 뉘앙스 차이 이해하기

style   외모나 공간 등에 개성과 미적 감각을 반영하여 꾸미다
I love to style myself in simple outfits.
나는 심플한 옷들로 스타일링하는 걸 좋아해.

decorate   공간이나 물건을 시각적으로 아름답게 만들기 위해 장식을 추가하다
We decorated the house for Christmas.
우리는 크리스마스를 위해 집을 장식했다.

get ready   특정 상황에 필요한 대비를 하다
It takes me forever to get ready in the morning.
아침에 준비하는 데 시간이 엄청 오래 걸려.

야채 좀 물에 헹궈 줘.

옷이나 그릇, 야채 등을 물로 헹궈서 씻을 때가 있죠.
이렇게 흙이 묻거나 비누칠이 되어 있는 것을
물로 씻어 내는 것은 어떤 동사를 써서
표현해야 자연스러울까요?

Ⓐ Could you scrub the vegetables?
Ⓑ Could you shower the vegetables?
Ⓒ Could you rinse the vegetables?
Ⓓ Could you clean up the vegetables?

❀ 정답   ⓒ Could you rinse the vegetables?

한국에서는 린스라는 단어가 '헤어 컨디셔너'라는 의미로 많이 쓰이지만, 사실 이 표현은 일본에서 들어온 차용어입니다. 원래 영어에서 rinse는 '물로 가볍게 헹구다'라는 의미의 동사인데요. 일본에서 샴푸 후 머리를 헹굴 때 사용하는 제품을 '린스'라고 부르던 것이 한국에도 전해져 지금까지 쓰이고 있는 것이죠.

영어에서 rinse는 언제 사용할까요? 치과에서 치료 중에 "입을 헹구세요."라고 할 때는 "Rinse your mouth."라고 합니다. 세제가 묻은 그릇을 헹굴 때도 "Rinse the dishes."라고 합니다.

오답   Ⓐ 야채 좀 문질러서 닦아 줄래? → scrub은 '문질러 닦다'
Ⓑ 야채 좀 샤워시켜 줄래? → shower는 '샤워하다'의 의미로, 야채에는 쓰지 않음
Ⓓ 야채 좀 정리해 줄래? → 야채를 깨끗하게 정리하거나 청소하라는 의미

❀ 뉘앙스 차이 이해하기

rinse 물로 가볍게 헹구다, 묻은 것을 간단히 물로 헹구는 느낌
I rinsed the rice before I cooked it.
나는 요리하기 전에 쌀을 물로 헹궈 씻었어.

wash 물로 깨끗하게 씻다, 가장 광범위하게 쓰이며 비누나 세제를 사용할 것 같은 느낌
I am going to wash the dishes after dinner.
저녁 먹고 나서 설거지할 거야.

scrub 더러운 부분을 세게 문질러서 닦다, 솔이나 스펀지로 강하게 문지르는 동작
I scrubbed the bathroom floor to remove the stains.
얼룩을 제거하기 위해 욕실 바닥을 문질러서 닦았어.

웃음을 참았어.

심각한 분위기에서 갑자기 웃음이
나오려 하면 억지로 참아야 하죠.
이렇게 눈물이나 웃음과 같은 '감정을 참는다'고
말할 때 어떤 동사를 써야 적절할까요?

Ⓐ I endured my laughter.
Ⓑ I held back my laughter.
Ⓒ I put up with my laughter.
Ⓓ I tolerated my laughter.

🌸 정답　Ⓑ I held back my laughter.

'인내'와 친숙한 문화이기 때문일까요? 우리말에서 '참다'라는 단어는 정말 다양한 맥락에서 사용됩니다. 감정을 숨긴다는 뜻도 있지만, 충동을 억제하거나 인생의 힘든 시기를 버티며 인내심을 발휘할 때도 다 '참는다'고 표현하죠.

하지만 영어에서는 상황에 맞춰 각기 다른 동사를 씁니다. 그중에서도 '감정이 겉으로 드러나지 않게 억제한다'는 의미에서의 '참다'는 'hold back'입니다. hold back의 이미지를 떠올려 보면 무언가를 물리적으로 뒤로 당기거나 멈추게 하는 모습이 떠오르죠. 화나 눈물, 웃음 같은 감정이 겉으로 드러나려는 것을 '억지로 누르거나 막는다'는 의미입니다.

↳ **오답**　Ⓐ 웃음을 마치 고통처럼 인내한 것처럼 들려 어색함
　　　　Ⓒ 자신의 웃음을 소음처럼 견디는 느낌이라 어색함
　　　　Ⓓ 자신의 웃음을 너그럽게 받아들였다는 의미로 들려 어색함

🌸 뉘앙스 차이 이해하기

`hold back`　**감정이나 행동을 억누르며 참다**
　　　　　　He had to hold back his anger in front of her.
　　　　　　그는 그녀 앞에서는 화를 참아야만 했다.

`endure`　　**오랜 시간 어려운 상황을 견디다, 인내심이 느껴짐**
　　　　　　She endured years of hardship.
　　　　　　그녀는 오랜 힘든 시간을 버텨냈다.

`put up with`　**불편하거나 짜증나는 것을 마지못해 참다**
　　　　　　How long do I have to put up with him?
　　　　　　내가 그 사람을 얼마나 더 참아 줘야 해?

빨래를 털어 줘.

빨래나 이불 등을 털어서 햇빛에 널어놓을 때가 있죠.
이렇게 주름을 없애거나 먼지를 제거하기 위해
공중에서 펼치듯이 흔드는 동작을
영어로는 뭐라고 하는 것이 자연스러울까요?

Ⓐ Pull out the laundry.
Ⓑ Hang out the laundry.
Ⓒ Spread out the laundry.
Ⓓ Shake out the laundry.

🍀 정답 ⓓ Shake out the laundry.

구동사(phrasal verb)는 동사와 전치사가 결합된 형태를 말합니다. 구동사들의 뜻을 단순히 외우려고만 하면 어렵게 느껴질 수 있지만, 이미지와 함께 이해하면 훨씬 쉽게 기억할 수 있고 일상 회화를 풍부하게 만들어 줍니다. 기본적으로 동사에 '방향'이 더해져 동작이 구체화된다고 생각하면 됩니다.

예를 들어, 'shake'는 '흔들다'라는 뜻인데, 여기에 'out'이 더해지면 '바깥 방향으로 흔들다'라는 의미가 됩니다. 옷의 양쪽 끝을 잡고 펼치듯 흔드는 동작을 표현할 수 있죠. 우리말의 '빨래를 털다'와 비슷한 동작이 머릿속으로 그려지시나요?

↳ **오답** Ⓐ 빨래를 당겨서 꺼내세요.
  Ⓑ 빨래를 밖에 널어 주세요.
  Ⓒ 빨래를 넓게 펼치세요.

🍀 뉘앙스 차이 이해하기

shake out 먼지나 주름을 제거하기 위해 펼치듯이 흔들다
She shook out the rug before hanging it up.
그녀는 러그를 널기 전에 털었다.

pull out 무언가를 잡아당겨서 꺼내다
He pulled out the drawer to find the missing paper.
그는 사라진 서류를 찾기 위해 서랍을 열었다.

hang out 바깥에 걸거나 널다
She hung out the clothes to dry.
그녀는 빨래를 널었다.

spread out 소스나 버터 등을 펴서 바르거나, 무언가를 바닥에 펼쳐 놓다
He spread out the map on the table.
그는 테이블 위에 지도를 펼쳤다.

단추 좀 잠가.

추워 보이거나, 옷의 단추가 풀려 있는 걸 보면
단추를 잠그라고 말하는데요.
그렇다면 단추를 잠그는 동작은 어떤
동사를 써야 자연스러울까요?

Ⓐ Button up.
Ⓑ Close the buttons.
Ⓒ Shut your shirt.
Ⓓ Lock your buttons.

🍀 정답   Ⓐ Button up.

우리말은 명사 중심으로 표현하는 반면, 영어는 동사 중심으로 말하는 경우가 많습니다. 이 경우도 마찬가지인데요. 우리말에서는 '단추를 잠그다'라고 표현하지만, 영어에서는 button이라는 단어 자체가 '단추'라는 명사일 뿐만 아니라, '단추를 잠그다'라는 동사로도 쓰입니다. 단추를 완전히 다 끼운다는 의미에서 button up이라고 표현하는 것이죠.

비슷하게 지퍼를 올려 옷을 잠글 때는 zip up(지퍼를 올리다), 헬멧이나 가방의 끈을 고정할 때는 strap on(끈을 매다)을 쓰는데요. 이렇게 영어에서는 한 단어가 명사이면서 동시에 그와 관련된 동작을 나타내는 동사로도 쓰이는 경우가 많습니다.

↳ 오답   Ⓑ close(닫다)는 의미는 통하지만 어색함
　　　　Ⓒ shut(닫다)은 주로 문이나 창문을 닫을 때 쓰는 말
　　　　Ⓓ lock(잠그다)은 자물쇠를 잠그다는 뜻으로 옷에 쓰면 어색함

🍀 뉘앙스 차이 이해하기

button up   **옷의 단추를 완전히 잠그다**
He buttoned up before the meeting.
그는 회의 전에 단추를 잠갔다.

lock   **자물쇠나 비밀번호 등으로 보안을 위해 잠그다**
She locked her phone.
그녀는 휴대폰을 잠갔다.

그는 팀원 관리를 잘해.

직장에서 팀원들과 효율적으로 소통하고,
긍정적인 분위기를 이끌어내는 사람들이 있죠.
이처럼 팀원 관리를 잘하는 사람을 표현할 때,
어떤 동사를 쓰는 것이 자연스러울까요?

Ⓐ He controls the team effectively.
Ⓑ He directs the team effectively.
Ⓒ He supervises the team effectively.
Ⓓ He manages the team effectively.

🍀 정답 ① He manages the team effectively.

한국에서는 '컨트롤'이라는 영어 단어가 일상에서 잘못된 의미로 사용되기도 됩니다. 예를 들어, "선생님이 아이들을 잘 컨트롤한다."는 말이 선생님의 좋은 리더십을 묘사하는 의미로 쓰이기도 하죠.

하지만 영어에서 control은 질서를 유지하기 위해 강하게 통제하며 자율성이 없는 뉘앙스가 강하기 때문에, 리더십을 설명할 때는 피하는 것이 좋습니다. 대신 lead(이끌다), manage(운영하다)와 같은 동사를 사용하는 것이 영향력이나 관리 능력을 긍정적으로 표현하는 올바른 방법입니다.

↳ 오답
Ⓐ 그는 팀을 효과적으로 통제한다. → 통제하거나 지배하는 느낌, 자율성과 협력보다는 규제를 통해 팀을 관리할 것 같은 인상

Ⓑ direct는 방향을 제시하고 지시하는 것을 의미, 팀 전체의 지속적인 운영보다는 구체적인 업무와 프로젝트를 지휘할 때 더 잘 어울리는 동사

Ⓒ 그는 팀을 잘 감독한다. → supervise는 팀 구성원의 실행을 지켜보고 피드백을 주는 느낌

🍀 뉘앙스 차이 이해하기

manage 효율적으로 운영하고 조정하다
He manages his time carefully to balance work and personal life.
그는 일과 개인 생활의 균형을 맞추기 위해 시간을 신중하게 관리한다.

control 자율성을 제한하고 강하게 통제하다
Parents should control their children's screen time.
부모님들은 아이들이 휴대폰을 사용하는 시간을 통제해야 한다.

잘 가지고 계세요.

티켓을 주면서, 입장할 때 필요할 테니
잘 가지고 있으라고 주의를 줄 때가 있죠.
이렇게 어떤 물건이나 서류 등을
나중을 위해 잘 보관하고 있으라고 말하고 싶을 때
적절한 동사는 무엇일까요?

Ⓐ Please store this ticket.
Ⓑ Please protect this ticket.
Ⓒ Please hold onto this ticket.
Ⓓ Please keep this ticket safe.

🌸 정답   ⓒ **Please hold onto this ticket.**

누군가 우리말로 "이거 잘 갖고 계세요."라고 하면, 물건을 놓치지 않고 손에 잘 들고 있는 모습이 연상되죠.

영어에서도 이와 비슷한 의미의 표현이 있습니다. hold는 '붙잡다, 유지하다'라는 뜻을 가진 동사입니다. 여기에 'onto'를 붙이면, 무언가의 표면을 손으로 꽉 잡고 있는 이미지가 떠오릅니다. 그래서 'hold onto~'는 중요한 물건을 실수로 버리거나 잃어버리지 말라는 의미로 사용됩니다. 이 표현은 병원 진료나 각종 행정 업무를 볼 때 자주 등장합니다.

↳ **오답**   Ⓐ 이 티켓을 잘 보관해 둬. → store 동사는 장기적인 보관이나 창고 등의 공간에 따로 보관하는 뉘앙스

　　　　Ⓑ 이 티켓을 잘 지켜. → protect는 손상되지 않도록 하는 물리적인 보호를 의미

　　　　Ⓓ 이 티켓을 안전하게 보관해. → 의미 전달은 되지만 귀중품을 안전하게 보관하라고 당부하는 뉘앙스

🌸 뉘앙스 차이 이해하기

hold onto   서류 등을 임시로 가지고 있거나 안전하게 보호하다
　　　　Hold onto that immigration form for later.
　　　　이따가 필요하니까 그 출입국 신고서 잘 가지고 계세요.

store   장기적으로 보관하거나 안전한 장소에 저장하다
　　　　You can store the documents in the archive.
　　　　서류를 자료실에 보관할 수 있어요.

keep safe   계속 안전하게 보관하거나 소유하다
　　　　Please keep the passport safe during your trip.
　　　　여행 동안 여권을 잘 보관하세요.

할 일을 미룬다.

해야 하는 일을 망설임이나 게으름 때문에
차일피일 미룰 때가 있죠.
이렇게 할 일을 미루고 있을 때,
영어로 어떤 동사를 쓰는 것이 가장 적절할까요?

Ⓐ I delay things.
Ⓑ I put things off.
Ⓒ I push things back.
Ⓓ I postpone things.

🍀 정답 ⒷI put things off.

우리말에서 '미루다'는 공식적인 일정이 미뤄졌다는 의미로도 쓰이고 개인적인 할 일을 귀찮아서 미루고 있을 때도 쓰입니다. 하지만 영어에서는 공식적인 상황과 개인적인 상황을 구분하여 표현합니다.

그중에서도 put off(미루다)는 개인적이거나 일상적인 상황에 대해 묘사할 때 매우 자주 쓰이는 표현입니다. 피치 못할 상황뿐 아니라 망설임과 게으름 때문에 일을 미룰 때와 같은 다양한 상황에서 쓸 수 있습니다.

오답 Ⓐ 나는 일을 지연시켰다. → 공식적인 발표나 비즈니스 등에서 사용되는 동사로 여기서는 자연스럽지 않음

Ⓒ 나는 일정을 미뤘다(조정했다). → 게으름이나 망설임과는 거리가 있으며, 마감 시간이나 스케줄을 재조정할 때 쓰는 표현

Ⓓ 나는 행사를 연기했다. → 공식적인 행사를 지연시킬 때 쓰며, 개인적인 상황에서는 어색함

🍀 뉘앙스 차이 이해하기

put off 일상에서 개인적인 이유로 일을 미루거나 지연시키다
He put off his dentist appointment again.
그는 치과 약속을 또 미뤘다.

delay 비행, 배송, 행사 등이 의도하지 않았으나 불가피하게 늦어지다
The storm delayed our flight.
폭풍 때문에 우리 비행기가 지연됐다.

push back 회의 시간 변경, 출시일 연기처럼 일정이나 마감일을 나중으로 다시 잡다
The company pushed back the product release date.
회사는 제품 출시일을 미뤘다.

postpone 시험, 회의 등 공식적 일정을 나중으로 미루다 혹은 미뤄지다
The concert has been postponed until next month.
콘서트가 다음 달로 연기되었다.

거절했어야지.

친구들의 식사 초대나 부탁 등을 거절해야 할 때가 있죠.
일상에서 흔히 받게 되는 요청이나 제안 등을
거절했어야 한다고 말할 때는
어떤 동사를 쓰는 것이 적절할까요?

Ⓐ You should've rejected it.
Ⓑ You should've said no.
Ⓒ You should've refused it.
Ⓓ You should've declined it.

✤ 정답   Ⓑ You should've said no.

reject, say no, refuse, decline은 모두 '거절하다'의 뜻이 있습니다. 하지만 각각 톤과 뉘앙스에 차이가 있습니다. 한국어로도 일상에서 거절하라는 말을 할 때 "안 된다고 해.", "못 간다고 해."처럼 어떤 것을 할 수 없음을 직접적으로 표현하죠.

영어에서도 일상에서 가장 널리 쓰이는 거절의 표현은 say no(거절하다, 안 된다고 말하다)입니다. 이미 지나간 일에 대해 후회나 아쉬움을 표현할 때는 'should have p.p.' 형태로 "You should have said no.(안 된다고 했어야지.)"라고 말하면 됩니다.

↳ **오답**   Ⓐ 승인하지 말았어야 했다는 강한 뉘앙스
　　　　Ⓒ 거절의 의지와 단호함이 느껴짐
　　　　Ⓓ 공식적이고 예의 바른 거절을 의미

✤ 뉘앙스 차이 이해하기

say no   제안이나 도움 요청 등에 대한 일상에서 하는 간단한 거절을 하다
She said no to the coffee date.
그녀는 커피 데이트를 거절했다.

reject   논문, 계약 등이 통과, 승인되지 못했다는 여지없는 거절하다
The proposal was rejected due to its lack of clarity.
제안서는 명확성 부족으로 거절되었다.

refuse   요청이나 제안 등이 기대에 못 미치거나 조건이 맞지 않아 거절하다
She refused the offer because the salary was too low.
그녀는 급여가 너무 낮아서 그 제안을 거절했다.

decline   초대나 공식적인 요청에 대해 부드럽고 정중하게 거절하다, 주로 이메일로 거절 의사를 밝힐 때 쓰임
He politely declined the invitation to the event.
그는 행사 초대를 정중히 거절했다.

생활비를 아껴 쓰자.

'돈을 아껴 쓰자'라는 말을 일상에서 자주 하는데요.
식비를 줄이기 위해 직접 요리를 하거나
대중교통을 이용하며 소비를 줄이죠.
이렇게 '생활비를 아끼고 절약한다'는 말을 할 때
어떤 동사를 써야 자연스러울까요?

Ⓐ Let's value our budget.
Ⓑ We should save our living expenses.
Ⓒ We should cut down on spending.
Ⓓ We need to conserve our money.

🌸 정답 ⓒ We should cut down on spending.

'아끼다'라고 하면 많은 분들이 자동으로 떠올리는 동사가 있는데요, 바로 save입니다. 우리말에서 '아끼다'는 '소비를 줄이고 절약한다'는 의미이지만 save는 '미래를 위해 모으고 남겨 둔다'는 뉘앙스가 강한 단어예요. 때문에 생활비를 save한다고 말하면 소비를 줄이는 것이 아니라 돈을 저축한다는 말처럼 들려서 앞뒤가 맞지 않는 문장이 됩니다. 대신 'cut down on~(줄이다)'이나 'save on~(~에서 아끼다)'을 사용하세요.

또, 생활비는 일상에서의 지출을 의미하죠. 그래서 living expenses라고 하거나 간단하게 spending(소비)이라고만 표현해도 충분히 자연스럽습니다.

↳ **오답** Ⓐ value는 '가치 있게 여기다'는 의미로 '예산을 소중하게 여기자'라는 뜻. 격식 있게 재정 계획에 대해 이야기하는 뉘앙스
Ⓑ save 대신 save on~으로 써야 '아끼다'의 의미
Ⓓ conserve는 자원을 보존한다는 맥락에서 쓰이는 단어이므로 어색한 문장

🌸 뉘앙스 차이 이해하기

cut down on 습관이나 지출 같은 개인적인 생활에서 사용량이나 소비를 줄이다
I've been trying to cut down on sugar.
나는 설탕 섭취를 줄이려고 노력 중이야.

save 미래를 위해 자원이나 돈을 아끼거나 나중에 사용할 수 있도록 남겨 두는 느낌.
I'm trying to save money for a new car.
나는 새 차를 사기 위해 돈을 모으려고 노력 중이야.

2 문장 구조

얼굴에 뭐가 묻었어.

얼굴에 음식이나 무언가가 묻었다고 말할 때
영어로는 어떻게 문장을 구성해야
가장 자연스러울까요?

Ⓐ Something is put on your face.
Ⓑ Your face has something.
Ⓒ You have something on your face.
Ⓓ It shows on your face.

✤ 정답 ⓒ You have something on your face.

우리말에서는 사물이나 상태를 주어로 쓰는 상황인데, 영어에서는 주어에 사람을 쓰는 경우가 많아요. 예를 들어, 얼굴에 뭐가 묻었다고 할 때도 '주어(You)+동사(have)+직접목적어(something)+전치사구(on your face)'의 구조로 표현해요.

"I have dirt on my hands.(나 손에 흙 묻었어.)"도 같은 방식이죠. 이렇게 영어는 주어에는 사람을 쓰고 전치사구를 활용해 구체적으로 위치를 나타내는 특징이 있어요.

오답 Ⓐ 무언가가 네 얼굴에 올려졌어. → 이 문장은 수동태 형식으로 누군가 의도적으로 얼굴에 무언가를 올린 느낌을 줌

Ⓑ 얼굴이 무언가를 가졌어. → 영어에서 신체 부위가 직접적으로 무언가를 소유한다고 표현하는 경우는 거의 없음

Ⓓ 네 얼굴에 티가 나. → 보통 '감정이 얼굴에 드러난다'는 의미로 자주 쓰이는 문장

✦ 문장 구조 이해하기

주어 + 동사 + 목적어 + 전치사구

You have something between your teeth.
너 이에 뭐가 꼈어.

I have ketchup on my shirt.
나 셔츠에 케첩 묻었어.

걔한테 답을 분명하게 해 줘.

누군가에게 명확하게 답을 해 주라고 권할 때
영어로 어떻게 표현해야
가장 자연스러울까요?

Ⓐ Please answer the question to him clearly.
Ⓑ Give him a clear answer.
Ⓒ Why don't you answer it right away for him?
Ⓓ You should clear the answer for him.

✖ 정답 Ⓑ Give him a clear answer.

우리말에서는 '웃어 주다', '답해 주다'처럼 다양한 동사에 '주다'를 붙여서 누군가를 향한 동작을 표현해요. 그런데 영어에서는 'give + 명사' 구조를 더 자주 써요. 예를 들어, "나는 그에게 웃어 주었다."는 "I gave him a smile.", "나는 그에게 답해 주었다."는 "I gave him an answer."로 표현해요. 이렇게 영어에서는 give를 쓰는 게 smile이나 answer 같은 동사를 직접 쓰는 것보다 더 자연스럽고 공손하게 들린답니다. 게다가 '짧게 답변하다(give a short answer)'나 '명확하게 답하다(give a clear answer)'처럼 다양한 방식으로 표현을 바꿀 수도 있어서 정말 유용해요.

→ 오답 Ⓐ 문법적으로 어색함. answer 다음에는 사람이나 질문과 같은 목적어 하나만 올 수 있음

Ⓒ 왜 그를 위해 바로 답해 주지 않나요? → 분명한 답변과는 상관없는 문장

Ⓓ 당신은 그를 위해 답변을 처리해야 해요. → clear는 '문제를 제거하다, 정리하다'의 의미

✦ 문장 구조 이해하기

`give + 형용사 + 명사`

Everyone gave us so much support.
모두가 저희를 엄청 응원해 주셨어요.

He gave me a small discount.
그가 조금 할인해 주었어.

손을 베였어.

요리를 하다가 실수로 손을 베였을 때
영어로는 어떻게 말해야
가장 자연스러울까요?

Ⓐ I had my finger cut.
Ⓑ My finger was cut.
Ⓒ I cut my finger.
Ⓓ My finger had a cut.

❀ 정답 ⓒ **I cut my finger.**

우리말로 직역하면 "내가 내 손가락을 베었어."처럼 들려서 조금 이상하게 느껴질 수 있어요. 이는 영어와 한국어가 부상을 표현하는 방식이 달라서인데요. 한국어에서는 보통 '손을 베었다', '발목을 삐었다'처럼 부상당한 신체 부위의 상태를 설명하는 데 초점을 맞춰요. 반면, 영어는 개인의 행위에 초점을 두기 때문에 "I cut my finger."처럼 "내가 (실수로) 손가락을 베었다."라는 표현을 씁니다. 여기서 'cut'은 고의적인 행동을 뜻하는 게 아니라, 단순히 손가락을 다쳤다는 뜻으로 이해하면 됩니다.

↳ **오답** Ⓐ 누군가에 의해 손가락이 베였어. → 일상적으로 잘 쓰이지 않는 문장으로, have 동사를 써서 누군가에 의해 손가락이 베였다는 뉘앙스

　　　 Ⓑ 외부 요인에 의해 내 손가락이 베였어. → 마찬가지로 수동태 문장이라 본인이 아닌 외부 요인으로 인한 부상을 암시함

　　　 Ⓓ 내 손가락에 베인 상처가 있었어. → a cut은 베인 상처를 의미하며, 이미 생긴 상처에 대해 설명할 때 적합함

✦ 문장 구조 이해하기

주어 + 부상 관련 동사 + 신체 부위

I bruised my leg.
다리에 멍이 들었어.

I burned my finger on the stove.
가스레인지에 손가락을 데였어.

주차 금지라고 쓰여 있어.

표지판이나 벽면 등에 있는 글씨를 보고 어떤 내용이 쓰여 있는지 이야기할 때 어떤 표현이 가장 자연스러울까요?

Ⓐ It speaks "No parking."
Ⓑ There is "No parking."
Ⓒ It says "No parking."
Ⓓ It writes "No parking."

❈ 정답　ⓒ It says "No parking."

우리말에서는 표지판을 읽을 때 '~라고 쓰여져 있다'라고 말해요. 하지만 영어에서는 동사 say를 사용해 마치 사물이 사람인 것처럼 'It says~(~라고 말한다)'로 표현해요. 물론 'It is written~(~라고 쓰여져 있다)'이라는 표현도 문법적으로 맞아요. 하지만 일상에서 문자 내용을 전달하거나, 시간을 읽을 때 가장 흔하게 사용하는 동사는 say랍니다.

↳ **오답**　Ⓐ 그것은 주차 금지라고 말한다. → speak은 사람이 말할 때만 쓰이기에 어색한 문장
　　　　Ⓑ 주차 금지가 있다. → 문법적으로 틀리지는 않지만 표지판 내용을 설명하는 문장은 아님
　　　　Ⓓ 그것은 주차 금지라고 쓴다. → 문법적으로 맞지 않아 어색한 문장

✦ 문장 구조 이해하기

> It says + 글의 내용

The label says "Do not wash with hot water."
라벨에 "뜨거운 물로 세탁하지 마세요."라고 쓰여 있어.

It says here that the event starts at 5 PM.
여기에는 행사가 오후 5시에 시작된다고 쓰여 있어.

말을 못하게 막았어.

일상에서 대화 중에 누군가가 내 말을 방해하거나 못하게 할 때, 영어로는 어떻게 표현하는 것이 가장 자연스러울까요?

Ⓐ He blocked my speaking.
Ⓑ He stopped me from talking.
Ⓒ He banned my speech.
Ⓓ I was prohibited from talking.

✿ 정답   ⓑ He stopped me from talking.

우리말에서 '막다'는 길을 차단하거나 행동을 방해하는 상황까지 다양한 맥락에서 쓰이죠. 영어에서는 행동을 방해하거나 저지할 때 stop이 가장 일반적으로 사용됩니다.

stop은 '멈추다'의 뜻 말고도 from과 함께 '무언가를 하지 못하게 한다'는 의미를 전달하는데요. 예를 들어, '못 먹게 하다(stop someone from eating)'나 '웃지 못하게 하다(stop someone from laughing)'처럼 구체적인 행동을 막는 상황에 다양하게 쓰입니다.

↳ **오답**   Ⓐ block은 물리적인 봉쇄나 움직임을 막는 것을 의미해서 어색한 문장
　　　　Ⓒ 그는 나의 연설을 금지시켰다. → ban은 정부 등의 공식적인 금지를 의미해서 일상에서는 걸맞지 않음
　　　　Ⓓ prohibit 역시 흡연 금지처럼 공식적이고 강한 금지를 나타내는 동사로, 일상적인 대화에서는 어울리지 않음

✦ 문장 구조 이해하기

`stop + (목적어) + from + (-ing)`

I stopped them from fighting.
나는 그들이 싸우는 것을 말렸어.

How can I stop my dog from barking?
어떻게 하면 우리 개가 못 짖게 하지?

여기 어디야?

차에서 깜빡 잠이 들거나 길을 잃어서
이곳이 어딘지 묻는 상황이라면
영어로 어떻게 표현해야 가장 자연스러울까요?

Ⓐ Where is here?
Ⓑ Where am I?
Ⓒ What is this place?
Ⓓ Where are you?

❈ 정답   ⓑ Where am I?

우리말에서는 직접적으로 '여기'가 어딘지 묻죠. 상황 중심으로 표현하는 경향이 있기 때문인데요. 하지만 영어는 말하는 '사람'을 중심으로 표현하는 경향이 있어요. 그래서 "Where am I?", "Where are we?"처럼 내가 혹은 우리가 어디에 있냐고 물어요. 길을 잃었거나 낯선 곳에서 깨어나서 "여기가 어디죠?"라고 물을 때 쓰게 되는 표현입니다. 또는 대화나 발표 중에 "Where was I?"라고 하면 말하던 흐름을 놓쳤을 때 "내가 무슨 말을 하고 있었지?"의 의미로도 사용됩니다.

오답
ⓐ here은 '여기'라는 뜻의 부사로 주어로 쓰일 수 없음, 문법에 맞지 않는 어색한 문장
ⓒ 여기 뭐야? → 건물이나 장소에 대해 궁금해하거나 "이런 곳이 있어?"라며 놀라워하는 뉘앙스
ⓓ 너는 어디에 있니?

✦ 문장 구조 이해하기

대화 중에 Where + (과거시제 be동사) + (주어)?

Where was I?
내가 어디까지 말했지?

Where were we?
우리 어디까지 이야기했지?

저 사람 TV에 나와.

TV에 나오는 연예인이나 유명인이라고 이야기할 때 'TV에 나온다'를 영어로 어떻게 표현하는 것이 가장 자연스러울까요?

Ⓐ She is on TV.
Ⓑ She will appear on the show.
Ⓒ She shows on TV.
Ⓓ She broadcasts on TV.

🍀 정답 Ⓐ **She is on TV.**

영어에서는 전치사가 동사처럼 '상태'를 표현할 때도 자주 쓰여요. 예를 들어, 화재가 발생하면 'catch fire(불붙다)'라고 하지만, 불이 난 상태는 "The house is on fire.(집에 불이 났다.)"처럼 전치사 on을 써요.
마찬가지로, TV에 나오는 상황도 격식을 차릴 땐 'appear(출연하다)'를 쓰지만, 일상에선 그냥 'on TV(TV에 나오는, 방송 중인)'라고 말해요. 영어는 이렇게 전치사로 상태를 간단하고 자연스럽게 표현하는 특징이 있어요.

↳ **오답** Ⓑ 그녀는 그 방송에 출연할 거야. → appear는 '출연하다'라는 뜻으로, 공식적인 뉘앙스를 주는 동사
Ⓒ show 동사의 목적어가 없어서 문법적으로 자연스럽지 않은 문장
Ⓓ broadcast는 방송을 송출하거나 진행한다는 의미의 동사

✦ 문장 구조 이해하기

전치사가 동사처럼 '상태'를 나타내는 경우

The light is on.
불이 켜져 있어.

The deal is off.
거래는 취소되었어.

나 치아 스케일링 받았어.

치과에서 치석을 제거하는 시술을 받을 때,
영어로 가장 자연스러운 표현은 무엇일까요?

Ⓐ My teeth had scaling.
Ⓑ I got my teeth cleaned.
Ⓒ I cleaned my teeth.
Ⓓ I scaled my teeth.

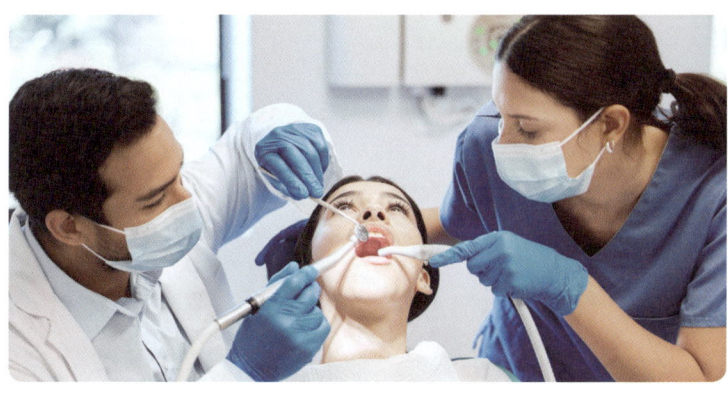

✽ 정답   ⓑ I got my teeth cleaned.

우리말에서는 '했어'나 '받았어' 같은 말을 통해 내가 직접 했는지, 아니면 다른 사람에게 서비스를 받았는지를 구분하거나 문맥으로 자연스럽게 이해하죠. 하지만 영어에서는 주체를 더 분명히 드러내려는 경향이 있어서 get이나 have 같은 동사를 사용해서 서비스를 받았다는 걸 표현해요. 예를 들어, 우리말에서는 "나 머리 잘랐어."라고만 해도 보통 직접 잘랐다고 생각하지는 않죠. 그런데 영어에서는 "I got my hair cut."처럼 "get+목적어+과거분사" 형태로 말해야 정확합니다. 이렇게 영어는 서비스를 받았다는 걸 확실히 표현하려는 특징이 있어요.

↳ 오답   Ⓐ 내 치아는 스케일링을 받았어. → 주어가 사람이 아니라 어색함
Ⓒ 내가 직접 치아를 깨끗하게 했어. → 직접 양치질을 했다는 의미
Ⓓ 내가 직접 치아를 스케일링했어. → scale(스케일링하다)은 사용할 수는 있지만 일상에서는 자주 사용되지 않는 전문 용어이며, 스케일링은 일반인이 스스로 할 수 없으므로 현실적으로 말이 되지 않음

✦ 문장 구조 이해하기

I got/had + 목적어 + 과거분사

I got my car fixed.
나 자동차 고쳤어.

I get my house cleaned regularly.
나는 정기적으로 집 청소 서비스를 받아.

깨끗하게 사용해 주세요.

주방이나 휴게실처럼 공동으로 사용하는 공간을 깨끗하게 유지해달라고 요청할 때 영어로 뭐라고 해야 가장 자연스러울까요?

Ⓐ Please clean the area.
Ⓑ Use the area cleanly.
Ⓒ Keep the area clean.
Ⓓ Please keep clear.

❀ 정답 ⓒ Keep the area clean.

우리말에서는 깨끗하게 사용하라고 말할 때 '사용하다'라는 동작이 강조돼요. 반면 영어에서는 동작보다 깨끗한 상태를 '유지하라'는 표현을 더 자주 사용합니다. 비슷한 예로, 우리말에서 잔디밭에 "들어가지 마세요."라고 동작을 금지하는 표현을 쓴다면, 영어에서는 "keep out."처럼 "계속 밖에 머물러 있으세요."라고 상태를 유지하라는 방식으로 표현합니다. '상태 유지'를 의미하는 keep 동사의 사용이 우리에게 낯설게 느껴질 수 있는 이유랍니다.

↳ **오답** Ⓐ 그 구역을 깨끗이 청소해 주세요. → 청소를 요청하는 문장
　　　　Ⓑ 그 구역을 깨끗하게 사용해 주세요. → 영어에서 잘 사용하지 않는 문장으로, use 동사가 강조되어 어색함
　　　　Ⓓ 비워 두세요, 접근하지 마세요. → 특정 구역에 가까이 가거나 비상구 주변에 물건을 쌓아 두지 말라고 요청할 때 쓰이는 문장

✦ 문장 구조 이해하기

keep + 목적어 + 상태 형용사/전치사

Keep it down, please.
조용히 좀 해 주세요.

I used a thermos to keep the soup warm.
나는 수프가 식지 않도록 보온병을 사용했어.

먼저 먹으라고 해.

자리가 부족하거나 누군가 늦고 있을 때 친구들에게
먼저 식사하라고 전할 때가 있죠. 이때 영어로는
어떻게 표현해야 가장 자연스러울까요?

Ⓐ Let them eat first.
Ⓑ Suggest that they start first.
Ⓒ Allow them to start eating first.
Ⓓ Make them go ahead and eat first.

❖ 정답   Ⓐ **Let them eat first.**

"먼저 먹으라고 해."는 친구나 가족처럼 가까운 사이에서 자연스럽게 전하는 배려의 말이죠. 이럴 때 가장 어울리는 동사는 'let(~하게 하다)'입니다. 'let'은 상대방이 자유롭게 행동하도록 하는 가벼운 뉘앙스로, "Let them eat first."라고 하면 기다리지 말고 편하게 먼저 먹으라는 양보의 느낌이 됩니다.

반면에 'allow'는 어떤 행위를 공식적으로 허가하거나 승인할 때 쓰이는 경우가 많아요. 예를 들어 학교, 직장, 행정적인 환경처럼 규칙이나 권한이 작용하는 상황에서 쓰이죠.

오답
Ⓑ 그들이 먼저 시작하라고 제안했어. → suggest는 조언의 의미. 약간 격식 있게 돌려 말하는 표현으로 회화체에서는 어색

Ⓒ 그들이 먼저 먹는 것을 허락했어. → allow는 공식적인 허가나 승인의 뉘앙스로 가벼운 친구 사이의 대화에서는 딱딱하고 거리감 있는 표현

Ⓓ 그들을 먼저 가게 만들었어. → make는 상대가 원치 않아도 강제적으로 시키는 느낌을 줄 수 있어 배려해야 하는 상황에서는 부적절

✦ 문장 구조 이해하기

`let + 목적어 + 동사`

Let her sleep.
걔 그냥 자게 둬.

My parents let me decide what I want to do.
부모님은 내가 뭘 하고 싶은지 스스로 정하게 해 주셨어.

이상하게 쳐다봤어.

다른 사람이 나를 쳐다보는 시선이 이상하게 느껴질 때 영어로는 뭐라고 표현해야 가장 자연스러울까요?

Ⓐ She looked strange.
Ⓑ She had a strange look.
Ⓒ Her eyes were strange.
Ⓓ She gave me a strange look.

🍀 정답 ⓓ **She gave me a strange look.**

우리말에서는 '이상하게(부사)+쳐다보다(동사)'로 표현하지만, 영어에서는 'a strange look'처럼 '형용사+명사' 구조를 사용해요. look은 '보다'라는 동사뿐 아니라, '시선, 표정, 스타일'이라는 명사적 의미도 가지고 있어요. 그래서 'a strange look'은 '이상한 시선'이라는 뜻이 되고, 동사 give와 함께 '누군가에게 이상한 시선을 주다'라는 의미로 표현할 수 있는 거죠.

↳ 오답 Ⓐ 그녀는 이상해 보였다. → 외모나 상태 등 그 사람 자체가 이상해 보였다는 의미

　　　　Ⓑ 그녀는 이상한 표정(스타일)을 하고 있었다. → 나를 쳐다보았다는 의미를 포함하지 않음

　　　　Ⓒ 그녀의 눈이 이상했다. → 시선보다는 눈 자체의 상태를 설명

✦ 문장 구조 이해하기

give + 형용사 + look(시선)

I gave him a cold look.
나는 그를 차갑게 쳐다보았어.

He gave me a suspicious look.
그는 나를 의심스럽게 쳐다봤어.

이거 좀 해 줘.

일상에서 집안일이나 과제 등
특정한 일에 대한 도움을 요청할 때
어떤 표현이 가장 자연스러울까요?

ⓐ Why don't you help me?
ⓑ Do you need a hand?
ⓒ Can you help me with this?
ⓓ Do this, please.

🌸 정답 Ⓒ **Can you help me with this?**

"이거 좀 해 줘."를 영어로 글자 그대로 번역하면 "Do this, please." 정도가 될 거예요. 하지만 맥락을 생각해 보면, 이 말은 도움을 요청하는 의미죠. 그래서 직접적으로 do 동사를 쓰는 것보다 help를 사용하는 게 더 예의 있고 자연스러워요.

또, with 뒤에 도움을 요청하는 일을 '명사' 형태로 넣습니다. 예를 들어, 여행 가방을 옮겨 달라고 할 때는 "Can you help me with my luggage?"라고 하면 돼요. 굳이 옮겨 달라는 동작을 자세히 설명하지 않아도 이런 표현으로 충분히 전달됩니다.

↳ **오답** Ⓐ 왜 나 안 도와줘? → 부탁이 아니라 '왜 안 해?'라고 따지는 말처럼 들릴 수 있음
　　　　Ⓑ 도움이 필요해? → 'hand'는 '도움'이라는 뜻. 내가 도와주겠다는 제안이지, 요청이 아님
　　　　Ⓓ 이걸 꼭 하세요. → 부탁보다는 명령에 가까운 느낌

✦ 문장 구조 이해하기

`help + 사람 + with + 일`

Please help me with the dishes.
설거지하는 것 좀 도와주세요.

Can you help me with my shoelaces?
신발 끈 묶는 것 좀 도와주세요.

저 아세요?

누군가 나를 알아보는 듯 말하지만
내가 기억이 안 날 때
서로 아는 사이인지 확인하는 말로
가장 자연스러운 것은 무엇일까요?

Ⓐ Who are you?
Ⓑ Do you know me?
Ⓒ Do I know you?
Ⓓ Have you met me?

🍀 **정답** ⓒ Do I know you?

영어랑 한국어는 생각하는 방식이 달라서 표현도 조금 달라요. 한국어에서는 "(당신이) 저를 아세요?"처럼 상대방을 중심으로 묻는 게 자연스럽죠. 그런데 영어에서는 '나'를 중심으로 말하는 걸 더 선호해요. 그래서 "Do I know you?"나 "Have we met?"처럼 내가 상대를 아는지 확인하거나, 우리의 관계를 확인하는 식으로 표현해요. 영어에서는 이렇게 자기 관점에서 상황을 풀어 가는 게 더 자연스럽게 느껴집니다.

↳ **오답** Ⓐ 누구세요? → 의미는 통하겠지만 직설적이라 무례하게 들릴 수 있음
　　　　 Ⓑ 당신이 저를 아세요? → 이 역시 의미는 통할 수 있지만 직접적으로 상대에게 따지는 듯 들려 이 상황에는 잘 사용되지 않음
　　　　 Ⓓ 당신은 날 만난 적이 있나요? → 전에 나를 만난 적이 있는지를 묻는 문장으로, 아는 사이인지를 확인하려는 의도가 정확하지 않음

✦ 문장 구조 이해하기

'나 중심'으로 표현하는 문장

May I have your attention, please?
여러분 잠시 집중해 주시겠어요? (제가 여러분의 주목을 받을 수 있을까요?)

Where can I find a convenience store around here?
여기 근처에 편의점이 어디 있나요? (제가 근처 어디에서 편의점을 찾을 수 있나요?)

천천히 살펴봐.

일상에서 사진이나 서류 등을 주면서
잘 살펴보라고 이야기할 때
영어로는 뭐라고 해야 가장 자연스러울까요?

Ⓐ Please look at it slowly.
Ⓑ Take a good look at it.
Ⓒ Make a close look at it.
Ⓓ Examine it thoroughly.

❈ 정답 ⒷTake a good look at it.

"천천히 살펴봐."는 속도를 느리게 하라는 것이 아니라 제대로 잘 보라는 뜻이죠. 이 말을 "Look at it closely."처럼 동사 중심으로 표현할 수 있어요. 하지만 이렇게 하면 단순히 '자세히 보다'라는 행동 자체를 설명하는 것이 됩니다.

단순히 보는 것이 아니라 이미지나 서류를 보면서 뭔가를 발견하거나 세부 사항을 확인하라는 의도를 전달하고자 할 때는 "Take a good/close look at it.(잘 살펴봐.)"이 더 자연스럽습니다. 이렇게 '동사+형용사+명사' 구조를 사용하면 행동의 목적과 결과가 더 강조되기 때문이에요.

↳ **오답** Ⓐ 그걸 느리게 보세요. → 문법적으로는 맞지만 행동의 방식을 설명할 뿐 주의 깊게 살펴보라는 의도가 없음

Ⓒ 문법적으로 틀린 표현으로, 동사 make는 명사 look과 함께 결합하여 사용되지 않음

Ⓓ 철저하게 조사하세요. → 격식 있고 딱딱한 말투로, 경찰이나 연구자가 문제를 검토하겠다는 맥락에서 쓰이는 표현

✦ 문장 구조 이해하기

`take + 형용사 + 명사`

I took a long walk.
나는 산책을 오래 했어.

I take quick notes during the meeting.
나는 회의 내용을 간단하게 기록해.

부사

일단 비밀로 하자.

비밀을 계속 유지하자는 것은 아니고
당분간 다른 사람에게는 알리지 말자고 이야기할 때,
우리말에서는 '일단'이라는 표현을 쓰는데요.
영어로는 어떤 표현을 써야 자연스러울까요?

Ⓐ Let's keep it a secret first.
Ⓑ Let's keep this between us for now.
Ⓒ Once we keep it a secret.
Ⓓ First of all, just keep this to yourself.

🍀 정답　Ⓑ Let's keep this between us for now.

우리말의 '일단'에는 여러 뜻이 있습니다. "일단 이것부터 하자."에서처럼 순서적으로 가장 먼저 해야 할 일을 뜻하기도 하죠. 하지만 "일단 비밀로 하자."라는 표현에서는 '잠정적으로', 즉 나중에 바뀔 수 있지만 지금 당장은 비밀로 하자는 의미로 사용됩니다. 이러한 한시적인 상황을 영어로 표현할 때는 'for now'를 사용합니다. 여기서 'for'는 특정 기간을 나타내는 전치사이고, 'now'는 지금을 의미하므로, 둘을 결합하여 '당분간은'이라는 뜻이 됩니다.

↳ **오답**　Ⓐ 첫 번째로 이건 우리끼리만 알고 있자. → first는 순서를 나타내는 말로, 당분간을 의미하지 않음

　　　Ⓒ once는 '일단 ~하면'이라는 뜻의 접속사로 '조건'을 나타내지만, 이 문장은 뒤에 따라오는 절이 없기 때문에 문법적으로 잘못된 문장임

　　　Ⓓ first of all은 주로 여러 단계 중 첫 번째를 나타내는 뜻으로 내용과 어울리지 않음

🍀 뉘앙스 차이 이해하기

for now　나중에 변할 가능성이 있지만 지금 당장은
We'll stay here for now.
우리는 일단 여기에 있을게.

first　순서를 나타낼 때, 가장 먼저
First, we need to discuss the plan.
일단, 계획을 논의해야 해.

문을 살살 닫았어.

힘을 적게 가하고 조심스럽게 무언가를 하라고
할 때 '살살' 하라고 이야기하는데요.
가령, 문을 살살 닫았다는 말을 할 때
어떤 표현이 가장 자연스러울까요?

Ⓐ He slammed the door softly.
Ⓑ He closed the door slowly.
Ⓒ He was careful with the door.
Ⓓ He closed the door gently.

❈ 정답 ⓓ He closed the door gently.

'gently'는 어려운 어휘가 아닌데도 막상 말할 때는 잘 떠오르지 않는 단어 중 하나이죠. 하지만 정확하게 맥락만 알아 두면 잘 쓸 수 있는 단어입니다. 우리말의 '살살'은 조용히 또는 부드럽게 움직이거나 가만가만 물건을 다루는 모습을 묘사하는데요. 영어로는 gently를 사용하면 온화하고 부드럽게 행동하는 모습을 나타낼 수 있어요. 예를 들어, 강아지를 부드럽게 쓰다듬어 줄 때나, 살살 문질러 빨래하는 것처럼 너무 힘주지 않고 부드럽게 하는 동작을 묘사할 때 쓰면 됩니다.

↳ **오답** Ⓐ slam은 문을 세게 닫는 것을 의미하기 때문에, 소리를 작게 내거나 촉감을 부드럽게 한다는 의미의 'softly'와 함께 쓰이면 의미상 모순

Ⓑ slowly는 '천천히'라는 의미를 강조할 뿐 힘을 적게 주거나 조심스럽게 닫는 것을 의미하지는 않음

Ⓒ be careful with~는 무언가를 조심스럽게 다루라는 뜻으로, 무언가가 망가지거나 다칠 수 있어 주의했다는 의미

❈ 뉘앙스 차이 이해하기

gently 힘을 적게 가하고 조심스럽고 부드럽게
She held the baby gently.
그녀는 아기를 부드럽게 안았다.

softly 특히 촉감이나 소리가 부드럽거나 강하지 않게
She spoke softly to herself.
그녀는 혼잣말로 조용히 말했다.

결국엔 취소했어.

어떤 일이 최종적으로 어떻게 진행되었는지
결과를 이야기할 때 '결국'이라는 표현을 자주 쓰죠.
영어로는 이럴 때 어떤 부사를 쓰는 것이 적절할까요?

Ⓐ At last, I called it off.
Ⓑ Finally, I canceled it.
Ⓒ In the end, I canceled it.
Ⓓ Lastly, I had to call it off.

❈ 정답 ⓒ In the end, I canceled it.

우리말의 '결국'에는 여러 뜻이 있어요. 먼저, '결국 도착했다'처럼 오랜 기다림 후에 '드디어' 어떤 결과가 나왔다고 말할 때 쓰입니다. 또, 어떤 일을 '결국엔 실패했다'처럼 최종 결과를 설명할 때도 쓰입니다.

하지만 영어에서는 이 둘을 구분해서 써야 합니다. '결국엔 취소했다'는 말은 마침내, 드디어가 아니라 '결론적으로' 그 계획을 취소했다는 뜻이죠. 이렇게 결과나 상황의 종료 상태를 설명할 때는 in the end나 eventually와 같은 부사를 사용해야 뜻이 제대로 전달됩니다.

오답 Ⓐ 마침내 그걸 취소했다. → at last(마침내)는 긴 기다림이나 지연 후 마침내 어떤 일이 일어났을 때 사용하는 표현

Ⓑ 드디어 그걸 취소했다. → finally(드디어, 마침내)는 여러 단계를 거쳐 결과에 도달했다는 의미로, 기대하던 일이 최종적으로 일어났을 때 사용

Ⓓ 마지막으로 그것을 취소해야 했다. → lastly는 순서상 '마지막으로'라는 뜻으로 여러 일 중 가장 마지막에 그 일이 발생했음을 나타내며, 결과를 나타내기보다는 일의 순서를 강조하는 표현

❈ 뉘앙스 차이 이해하기

in the end **일의 최종 결과나 결론을 설명할 때**
In the end, everything worked out well.
결국에는 모든 일이 잘 해결되었다.

finally **기대하던 결말이 시간이 지나 마침내 일어났을 때**
I finally finished my homework.
마침내 숙제를 끝냈다.

Q37

그는 지각할 뻔했어.

어떤 일이 거의 일어날 뻔했지만 결국 일어나지 않았을 때
우리말로는 '~할 뻔했다'라고 표현하죠.
영어에서는 어떤 부사를 써야 이 상황을
적절하게 표현할 수 있을까요?

  Ⓐ He was mostly late.
  Ⓑ He was closely late.
  Ⓒ He was almost late.
  Ⓓ He was maybe late.

🌸 정답 ⓒ He was almost late.

almost는 '완전히 그렇지는 않지만 무언가에 매우 가까운 상태'를 의미하며 우리말로 '거의'로 해석됩니다. 우리말의 '거의'는 '거의 다 했다'처럼 결과물이 완성에 가깝다는 맥락에서 많이 쓰이죠. 반면, 부정적인 상황에서는 '~할 뻔했다'라는 표현을 통해 아슬아슬한 상황을 나타냅니다. 그런데 영어에서 almost는 긍정적, 부정적 상황 모두에서 사용되며, '일어날 뻔했던 일'을 표현할 때도 자연스럽게 쓰입니다. 예를 들어, "I almost missed the bus."는 "버스를 거의 놓칠 뻔했다."라는 의미로 부정적인 상황이 일어날 뻔했음을 표현합니다.

↳ 오답 Ⓐ 그는 대부분 늦었다. → 습관적으로, 대체로 늦는 사람이라는 인상
　　　Ⓑ closely는 '주의 깊게, 자세히'라는 뜻으로 부자연스러운 문장
　　　Ⓓ 그는 아마 늦었을 것이다. → 확신이 없는 상황에 대한 묘사

🌸 뉘앙스 차이 이해하기

almost 어떤 상태에 가까워진 정도, 아직 도달하지 않았을 때, '거의'
I'm almost finished with my homework.
숙제를 거의 다 끝냈어.

mostly 전체 중에 차지하는 양이나 비율이 높을 때, '대부분, 대체로'
I mostly finish my homework before dinner.
나는 대체로 저녁 먹기 전에 숙제를 끝내.

살이 쭉 빠졌어.

눈에 띄게 큰 변화를 겪을 때 '확 변했다',
'쭉 빠졌다' 같은 표현을 많이 쓰죠.
이렇게 확연한 변화를 강조할 때 영어로는
어떤 부사로 표현하는 것이 좋을까요?

Ⓐ She's lost weight suddenly.
Ⓑ She slimmed down dramatically.
Ⓒ She slimmed down extremely.
Ⓓ She dropped weight straight.

✿ 정답　Ⓑ She slimmed down dramatically.

dramatically는 '극적으로'라는 뜻인데요. 변화가 급작스럽거나 눈에 띄는 것을 강조하는 부사입니다. 그런데 우리말로 "살이 극적으로 빠졌다."라고 잘 표현하지 않죠. 그보다는 '확 달라졌다', '눈에 띄게 증가했다'와 같은 표현들이 더 익숙하기 때문에 영어로 더 생각나지 않는 단어가 dramatically입니다.

또한, '살을 뺀다'는 뜻에서 'lose weight(몸무게를 빼다)'을 많이 쓰는데요. 그밖에도 'slim down(날씬해지다)'을 쓰면 날씬해진 몸매를 더욱 강조하는 표현이 될 수 있습니다.

↳ 오답　Ⓐ 그녀는 갑자기 살이 빠졌어. → suddenly는 '갑자기'라는 뜻으로, 살이 빠진 정도에 대한 묘사가 아니라 속도가 빠르고 급작스러웠다는 의미
　　　Ⓒ extremely는 '극도로'라는 뜻으로, 보통 형용사 앞에 쓰여 그 정도를 강조하므로 어색한 문장
　　　Ⓓ 어색한 문장으로, straight은 '똑바로, 직진으로'라는 의미

✿ 뉘앙스 차이 이해하기

dramatically　변화와 전환이 크고 급격하다는 의미, 변화의 강도를 강조
The situation changed dramatically overnight.
하룻밤 사이에 상황이 확 변했다.

extremely　뒤에 오는 형용사를 수식하여 그 정도가 심하다는 의미, 상태의 강도를 강조
She was extremely tired after the trip.
그녀는 여행 후에 매우 피곤했다.

돈을 막 써.

신중하지 않거나 계획 없이 무분별하게
소비할 때 '막 쓴다'라고 표현하죠.
이에 어울리는 적절한 부사는 무엇일까요?

Ⓐ He just spends money whatever.
Ⓑ He spends too much money.
Ⓒ He spends money carelessly.
Ⓓ He doesn't care about spending money.

✿ 정답   ⓒ He spends money carelessly.

신중함이나 책임감 없이 부주의한 태도를 나타낼 때 쓸 수 있는 부사는 'carelessly'입니다. 우리가 익숙한 'care(주의, 돌봄)'에서 파생된 표현인데요, '부주의하게' 또는 '경솔하게'라는 의미를 가지고 있습니다.

예를 들어, 운전을 할 때 조심성이 없거나, 일을 부주의하게 처리하거나, 상처가 될 수 있는 말을 생각 없이 할 때 부사로 사용할 수 있습니다. 이 문장에서도 고민이나 생각 없이 함부로 돈을 쓰고 있음을 carelessly를 사용해 표현했습니다.

↳ **오답**   Ⓐ 문법적으로 어색한 문장. "He just spends money on whatever he wants." 라고 해야 신경 쓰지 않고 아무 것에나 돈을 쓴다는 뜻
　　　　Ⓑ 그는 돈을 너무 많이 써. → 신중하지 않음을 강조하는 표현은 아님
　　　　Ⓓ 그는 돈을 쓰는 것에 무관심해. → 이는 소비에 대한 부주의를 나타내기보다는 돈을 쓰는 행위 자체에 대한 무관심을 표현함

✿ 뉘앙스 차이 이해하기

carelessly   태도나 방식이 주의를 기울이지 않고 경솔하게
He eats carelessly and often spills food on his clothes.
그는 부주의하게 먹어서 자주 옷에 음식을 흘린다.

too much   양이나 빈도에 초점을 두어 지나치거나 과도하게
You ate too much.
너 너무 많이 먹었어.

그는 코를 심하게 골아.

코를 골 때 호흡이 불규칙하거나 소리가 지나치게
크면 '코를 심하게 곤다'고 표현하죠.
영어로는 이런 상황에서 어떤 부사가
가장 자연스러울까요?

Ⓐ He snores extremely.
Ⓑ He snores hard.
Ⓒ He snores badly.
Ⓓ He snores poorly.

✿ 정답   ⓒ He snores badly.

코를 고는 소리가 너무 클 때는 snore loudly라고 하면 됩니다. 하지만 코 고는 상태가 너무 심각하다는 의미를 전달하고자 한다면 'snore badly'라고 하면 됩니다.

우리말에서 '심하게'는 '심하게 스트레스를 받는다, 심하게 다쳤다'처럼 그 정도가 지나치다는 의미로 쓰이죠. 영어에서는 badly가 비슷한 의미로, 특히 부정적인 상황에서 그 정도가 심각하다는 것을 강조할 때 '심하게'의 뜻으로 사용됩니다.

오답

Ⓐ extremely는 강도를 강조하는 부사로 "He snores extremely loudly.(그는 매우 크게 코를 곤다.)"와 같이 뒤에 형용사나 다른 부사를 필요로 함

Ⓑ hard는 많은 힘이나 노력을 들였다는 뜻으로 코 고는 동작과는 어울리지 않음

Ⓓ poorly는 '형편없이'의 뜻으로 성과나 결과가 좋지 않다는 뜻으로 쓰임

✿ 뉘앙스 차이 이해하기

badly   특히 부정적 상황이나 결과에 대해서 쓰여 심하게, 나쁘게
He was badly hurt in the accident.
그는 사고로 심하게 다쳤다.

extremely   긍정 혹은 부정적인 감정, 상태 등이 매우 강한
The weather was extremely hot.
날씨가 매우 더웠다.

직접 만나서 이야기해.

전화 통화나 이메일이 아니라 직접 대면해서 대화하거나, 온라인 쇼핑이 아니라 물건을 직접 보고 구매하는 상황에서 '직접' 혹은 '직접 만나서'는 어떤 부사를 사용해야 적절할까요?

Ⓐ Let's discuss this in person.
Ⓑ We should go over this ourselves.
Ⓒ Can we talk about this directly?
Ⓓ We need to examine this firsthand.

🌸 정답 Ⓐ **Let's discuss this in person.**

우리말에서 '직접'은 다양한 맥락에서 사용됩니다. '스스로 일을 해결(oneself)'한다거나, '중간 단계를 거치지 않고 바로(directly)' 처리할 때, 혹은 물건이나 사람을 '직접 확인하거나 경험(in person)'하는 상황에서 모두 사용할 수 있죠.

영어 표현들의 뜻이 서로 중첩되기도 하지만 보통은 상황별로 각기 다른 표현들을 사용해야 합니다. 그중에서도 in person은 사람(person)간의 실제 경험을 강조하는 표현입니다. 물건을 직접 보거나 사람을 실제로 만나서 이야기하는 등 물리적으로 경험하는 상황에서 사용됩니다.

↳ **오답** Ⓑ 우리 스스로 이걸 검토해야 해. → 타인의 도움이나 개입 없이 스스로 한다는 점을 강조

Ⓒ 직접적으로 대화할 수 있을까? → 당사자와 직접 대화하거나, 에둘러서 이야기하지 않고 바로 이야기하는 방식으로 소통하길 원한다는 의미

Ⓓ 직접 확인해야 해. → firsthand는 직접적인 경험을 강조하며, 주로 자신이 직접 보거나 경험한 것을 이야기할 때 쓰임

🌸 뉴앙스 차이 이해하기

in person 실제 물리적으로 접촉하거나 대면해서
He delivered the news in person.
그는 직접 만나서 그 소식을 전했다.

directly 중간 과정 없이 직접, 바로
I spoke to the manager directly about the issue.
나는 그 문제에 대해 매니저와 직접 이야기했다.

잠을 푹 못 잤다.

잠을 충분히 자지 못했거나 깊은 수면을
하지 못하고 자꾸 깨어서 피곤할 때가 있죠.
이럴 때 영어로는 어떻게 말해야 가장 적절할까요?

Ⓐ I slept wrong.
Ⓑ I slept like a baby.
Ⓒ I didn't sleep well.
Ⓓ I slept in.

✿ 정답　ⓒ **I didn't sleep well.**

뒤척이며 잠을 잘 자지 못했거나 자주 깨어서 선잠을 잤을 때는 sleep을 동사로 써서 "I didn't sleep well."이라고 할 수 있습니다. 그야말로 잠을 잘 자지 못했다는 뜻입니다. 또는 sleep을 명사로 써서 "I didn't get much sleep last night.(어젯밤에 잠을 별로 못 잤어.)"와 같은 표현도 일반적으로 쓰입니다.

오답　
Ⓐ 잠을 잘못 잤어. → 주로 자고 나서 목이나 허리가 아파 자세가 잘못되었음을 나타낼 때 'wrong'을 쓰며, 수면의 질과는 무관
Ⓑ 엄청 푹 잤어. → 아기가 아무 걱정 없이 푹 잔 것처럼 느껴진다는 의미
Ⓓ 늦게까지 잤어. → 주로 일정이 없는 날 평소보다 늦게까지 푹 잤다는 의미

✿ 뉘앙스 차이 이해하기

sleep well　**충분한 수면을 취하고 편안하게 자다**
If I don't sleep well, I feel tired all day.
잠을 잘 못 자면 하루 종일 피곤해.

sleep wrong　**자세가 좋지 않게 자서 몸이 아프거나 피곤하다(잘못 자다)**
I must have slept wrong. My neck hurts.
잠을 잘못 잔 것 같아. 목이 아파.

무조건 사세요!

고민하거나 이유를 너무 따지지 말고,
꼭 하나 사라고 추천할 때 '무조건 사라'고 하죠.
이때 어떤 표현을 써야 가장 적절할까요?

Ⓐ No questions! Just buy it!
Ⓑ Buy it unconditionally!
Ⓒ You must buy it!
Ⓓ You should buy no matter what it is!

✱ 정답 Ⓐ No questions! Just buy it!

무언가를 권하거나 추천할 때 '무조건 하라'는 말은 고민하거나 망설이지 말고 바로 행동하라는 의미입니다. 예를 들어, "이 제품은 무조건 사."라고 하면 그 제품이 가치 있고 만족스러우니 고민하지 말고 구매하라는 뜻이죠. 영어에서는 이런 상황에서 no questions(따질 필요 없이) 또는 no questions asked라는 표현을 사용합니다. 무조건 환불이 보장된다거나 이 제품이 확실히 효과를 발휘할 것이라고 말할 때 이 표현을 쓸 수 있습니다. 또는 '꼭 사라'는 의미이니, "You should definitely buy it!(꼭 사세요!)"이라고 표현해도 충분합니다.

↳ **오답** Ⓑ unconditionally는 조건 없는 사랑처럼 대가를 바라지 않는 헌신을 표현할 때 쓰이는 표현으로, 어색하게 들릴 수 있는 문장

Ⓒ 반드시 구매해야 합니다! → must는 권위적인 어조로 딱딱하고 강압적으로 들리므로, 보통 have to나 need to를 쓰는 게 적절함

Ⓓ 그게 뭐든지 사! → 제품 상관없이 무조건 구매하라는 뜻

✱ 뉘앙스 차이 이해하기

no questions (asked)	조건이나 이유를 묻지 말고, 따질 것 없이 그냥 무조건 I'll help you, no questions asked. 내가 도와줄게, 이유 묻지 않고.
no matter what	어떤 상황이 발생하더라도, 어떤 장애물이 있던지 무조건 I will support you, no matter what. 무슨 일이 있어도 널 지지할게.

애초에 어려운 일이었어.

일이 원래부터 혹은 시작부터 어떤
상태였다고 말할 때가 있죠.
이때 '애초에'라는 표현에 맞는
영어 표현은 무엇일까요?

Ⓐ First, it was a difficult thing to do.
Ⓑ It was a real challenge at first.
Ⓒ From the start, it was a hard thing to do.
Ⓓ In the beginning, it was a tough job.

❈ 정답 ⓒ From the start, it was a hard thing to do.

'애초에'는 처음부터 또는 본래부터 그런 상태였다는 의미입니다. 전치사 'from'을 붙여서 'from the start'라고 하면 어떤 일이 처음부터 어려웠고, 그 상태가 변하지 않았음을 강조할 수 있습니다. 비슷한 의미로 'from the beginning'을 사용할 수도 있습니다. 반면, 구체적인 시점을 나타내는 전치사 'at'을 붙여서 'at first'라고 하면 '초반에는', '그 시점에는'이라는 뜻이 됩니다.

↳ 오답 Ⓐ first는 순서를 나타내는 표현으로, 처음에 어떤 일이 있었다는 의미를 전달하지만, '원래부터'의 뉘앙스는 없음

Ⓑ at first는 '처음에는'이라는 의미로, 초반 시점에는 어떠했지만 시간이 지나면서 변화가 있었다는 것을 암시하는 경우에 주로 사용됨

Ⓓ in the beginning 역시 어떤 일의 초기 단계를 설명할 때 사용되며, 전치사 in과 함께 쓰이기 때문에 at first보다 더 넓은 시점이나 기간을 가리킬 수 있음

❈ 뉘앙스 차이 이해하기

from the start **처음부터 변함없이 계속**

He didn't trust me from the start.
그는 원래부터 나를 신뢰하지 않았어.

at first **초기에(이후 변화가 있음을 암시할 때 사용)**

At first, I didn't like the movie, but now I love it.
처음에는 그 영화를 좋아하지 않았지만, 지금은 좋아해.

일을 대충 한다.

일에 노력이나 시간을 충분히 들이지 않고
최소한의 노력만 하려는 태도를 볼 때
'일을 대충 한다'고 하는데요.
영어로는 어떤 부사를 써야 자연스럽게 전달될까요?

Ⓐ He works clumsily.
Ⓑ He works roughly.
Ⓒ He works briefly.
Ⓓ He works half-heartedly.

🍀 정답 ① He works half-heartedly.

half-heartedly는 '성의 없이', '마음을 다하지 않고'의 뜻입니다. 영어에서 heart는 마음이나 성품을 의미할 때가 많은데요. 여기에 whole(전체의)이나 half(절반의)를 붙여서 성의의 정도를 표현할 수 있습니다. whole-heartedly라고 하면 '온 마음을 다해 진심으로'라는 의미이고, 마음을 절반만 쏟고 일한다는 뜻인 half-heartedly는 우리말의 '대충', '성의 없이'의 뜻이 됩니다.

↳ **오답** Ⓐ 그는 서툴고 덤벙대며 일한다. → 어설프고 실수가 많지만 고의는 아닌 느낌

Ⓑ 그는 거칠게 일한다. → roughly(대략적으로, 거칠게)는 표면이나 숫자 등에 한정적으로 쓰이며, work roughly는 부자연스러움

Ⓒ 그는 짧게 일한다. → briefly(간략하게)는 성의와 무관하며 짧은 시간 일한다는 뜻

🍀 뉘앙스 차이 이해하기

| half-heartedly | **부정적인 뉘앙스로 성의가 없거나 의욕이 부족한 상태** |

He cleaned the room half-heartedly.
그는 방을 성의 없이 청소했다.

| roughly | **중립적인 뉘앙스로 정확성이 부족하거나 정교하지 않은 상태** |

The project is roughly halfway done.
프로젝트는 대략 절반쯤 진행됐어.

꼭 챙겨 와.

명령조의 말은 아니지만, 무언가를 꼭 해야
한다고 상기시켜 주고 싶을 때 우리말에서는
'꼭'이라는 표현을 써서 강조하는데요.
영어에서는 어떤 표현이 자연스러울까요?

Ⓐ Bring it perfectly.
Ⓑ You should definitely take it.
Ⓒ Make sure to bring it.
Ⓓ You must bring it.

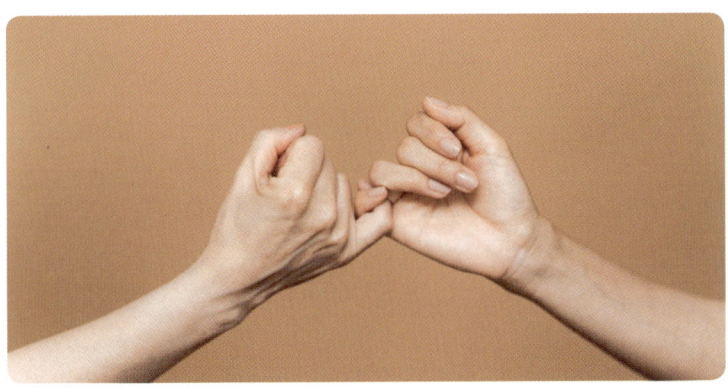

✿ 정답 ⓒ **Make sure to bring it.**

무언가를 반드시 해야 하거나 확실히 하도록 권할 때 상황에 따라 must(해야 한다)가 맞을 때도 있고, make sure to(확실히 ~하도록 하다)가 더 적절할 때도 있어요. 명령조의 말보다는 조언이나 잊지 않도록 상기시키는 말을 하고 싶다면 make sure to~가 자연스럽습니다. make sure 뒤에 'to 동사원형'을 붙이면 어떤 행동을 확실히 하도록 친절하게 권장하는 느낌이 듭니다.

오답 Ⓐ 완벽하게 해서 가져와. → 완벽하게 준비해서 가져오라는 의미로 이해될 수 있음

Ⓑ 그건 꼭 챙겨 가. → definitely는 어떤 사실에 대한 강한 확신을 나타내며, take은 '챙겨 오라'는 뜻이 아니라 '가져가라'는 뜻

Ⓓ 그건 반드시 가져오세요. → 강제성이 느껴지는 말로 의무감이 들게 하는 명령조의 말

✿ 뉘앙스 차이 이해하기

`make sure to (V)`	**꼭 ~하다, 어떤 행동을 확실히 하도록 친절하게 권장할 때** Make sure to bring your ID. 잊지 말고 신분증을 꼭 챙겨 오세요.
`must (V)`	**반드시 ~하다, 규칙 또는 의무적인 행동을 강조할 때** You must bring your ID for entry. 입장을 위해 신분증을 반드시 가져와야 합니다.

주제별 순발력 챌린지

감정 표현

너무 당황스러웠어.

시험 당일, 시험장에 도착해서야
신분증을 안 가져온 걸 알게 된다면
정말 당황스럽고 불안한 마음이 들 텐데요. 이런 감정을
영어로는 어떻게 표현해야 가장 자연스러울까요?

Ⓐ I felt really embarrassed.
Ⓑ I felt so confused.
Ⓒ I was very nervous.
Ⓓ I really freaked out.

🍀 정답 ① I really freaked out.

감정을 표현하는 단어를 공부할 때는 그 단어가 사용되는 상황과 맥락을 최대한 정확하게 떠올리며 이해해야 합니다. 그렇지 못하면 실제 상황에서 부적절하게 사용될 수 있기 때문인데요. 많은 분들이 'embarrassed'를 '당황스럽다'는 뜻으로만 외워서 잘못 사용합니다. 'embarrassed'는 실수를 하거나 부끄러운 일이 일어난 민망한 상황에서 느끼는 당황스러움입니다. 예상치 못한 일에 멘붕이 오거나 혼란스러움을 느낀 상황에서는 어울리지 않는데요. 그때는 'freak out(기겁하다)'을 쓰면 놀라면서도 당황한 감정을 잘 전달합니다. 또는 "I was shocked.(깜짝 놀랐어.)"라고 놀란 감정을 표현할 수도 있습니다.

↳ **오답** Ⓐ 나는 정말 부끄러웠어. → embarrassed는 '부끄러운'이나 '당황한'을 의미하며, 신분증을 놓고 온 상황에서는 어울리지 않음
   Ⓑ 나는 정말 헷갈렸어. → confused는 정보나 상황이 복잡하여 혼란스럽고 당황한 기분으로 충격이나 불안의 의미는 아님
   Ⓒ 나는 긴장했어. → 시험 전의 긴장감은 표현하지만 놀라고 당황스러운 감정은 아님

🍀 뉘앙스 차이 이해하기

I freaked out. **예상치 못한 상황에서 혼란스러워서 당황했다**
She freaked out when she heard the loud noise in the middle of the night.
그녀는 한밤중에 큰 소리를 듣고 당황했다.

I was embarrassed. **실수를 했거나 부끄러운 상황에서 당황했다**
He was embarrassed because he forgot his lines during the presentation.
그는 발표 도중 대사를 잊어버려서 당황했다.

잘해! 화이팅!

우리말에서는 "화이팅!"을 다양한 상황에서 사용하는데요. 그중에서도 특히 무대에 올라가기 전에 혹은 대회 등을 앞두고 응원을 해 줄 때 영어로는 어떻게 표현하는 것이 자연스러울까요?

Ⓐ You've got this!
Ⓑ Cheer up!
Ⓒ Keep your chin up!
Ⓓ Fighting!

🍀 정답 Ⓐ **You've got this!**

우리말에서 '화이팅'은 정말 다양한 상황에서 사용되는 표현입니다. 경기 전에 응원으로 쓰기도 하지만, 지쳐 있는 사람에게 힘을 내라는 의미로도 하는 말이죠.

영어에서는 상황마다 각기 다른 표현을 사용하기 때문에 주의가 필요합니다. 그중에서도 게임에서 이겨야 하거나 부담되는 일을 해내야 할 때 자주 쓰이는 표현은 "You've got this!"입니다. 이 표현은 "넌 이걸 해낼 거야!"라는 뜻으로, 상대방의 잠재력을 일깨워 주고 자신감을 심어 주는 말입니다. 그 밖에도 "Go for it!(가 보자!)"이나 "Go get them!(가서 이겨 버려!)"과 같은 표현들도 전의를 불태우는 의미로 자주 사용됩니다.

↳ **오답** Ⓑ 기운 내! → 슬프거나 힘들어하는 사람에게 용기 잃지 말고 기운을 내라는 뜻으로, 대회를 앞두고 자신감을 심어 주는 의도로는 어색함
Ⓒ 힘내! → 우리말로 "어깨 펴."처럼 고개를 들고 힘을 내라는 뜻으로, 지친 사람에게 긍정적인 마음을 잃지 말라는 의미로 쓰임
Ⓓ 한국식 표현으로 영어권에서는 쓰이지 않는 말

🍀 뉘앙스 차이 이해하기

You've got this. 도전적인 상황에서 상대에게 자신감을 심어 주기 위한, 해낼 수 있다는 응원의 말
The exam might be tough, but you've got this!
시험이 어려울 수도 있지만, 넌 해낼 수 있어!

Cheer up. 슬프거나 기운이 없는 사람에게 기운을 내라는 응원
Cheer up! Things will get better.
힘내! 상황은 나아질 거야.

나 요즘 힘들어.

경제적으로 힘들거나 사회 생활에서 어려움이 있는 등 개인적으로 어려움을 겪고 있어 벗어나려고 애쓰는 중일 때 '요즘 힘들다'고 하는데요. 나의 힘든 상황을 영어로는 어떻게 표현해야 가장 적절할까요?

    Ⓐ I am difficult.
    Ⓑ I am struggling.
    Ⓒ I am tough.
    Ⓓ I am hard.

🌸 정답   Ⓑ I am struggling.

한국에서는 일상에서 어려운 일이 있을 때 "요즘 힘들어."라고 말하는 것이 아주 자연스럽습니다. '힘들다'는 '행복하다', '슬프다'처럼 감정을 표현하는 형용사처럼 쓰이죠. 하지만 영어에서 hard나 difficult는 감정을 표현하는 말이 아니라, 과제나 상황의 난이도를 설명하는 말이기 때문에 어색하거나 다른 의미로 오해할 수 있어요.

개인적인 고충과 애쓰는 상황을 강조하려면 동사 struggle을 쓰면 됩니다. struggle(고군분투하다)은 어떤 어려운 일을 해결하거나 상황에서 벗어나기 위해 애쓰고 있음을 나타내는 동사입니다.

↳ 오답   Ⓐ 나 어려운 사람이야. → 내 성격이 까다롭고, 함께 있으면 힘든 사람이라는 뜻

　　　　Ⓒ 나는 강인한 사람이야. → tough는 '강한'의 의미로, 사람을 묘사하면 잘 버티는 사람이라는 뜻

　　　　Ⓓ 나는 딱딱하다. → 어색한 문장으로 성적으로 들릴 수 있음

🌸 뉘앙스 차이 이해하기

I am struggling.　(사람 중심) 개인적으로 어려움을 겪고 있으며 해결을 위해 애쓰고 있다고 말할 때
She is struggling with her new job.
그녀는 새 직장에서 어려움을 겪고 있어.

It is tough.　(상황 중심) 상황이 힘들거나 어렵다고 말할 때
Balancing work and family is tough.
일과 가정의 균형을 맞추는 건 힘들어.

속상해.

친구에게 섭섭한 말을 들었거나
뜻대로 일이 되지 않을 때 속상할 때가 있죠.
분노처럼 강한 감정은 아니지만 슬픔과 실망감이
섞인 복잡한 감정을 영어로는 어떻게 표현할까요?

Ⓐ I am pissed off.
Ⓑ I am heartbroken.
Ⓒ I feel annoyed.
Ⓓ I am upset.

✖ 정답 ① I am upset.

'속상하다'라는 감정 속에는 서운함, 실망, 그리고 슬픔도 들어 있습니다. 영어로는 upset이 이런 면에서 가장 적절한데요, 이 역시 복잡한 감정 상태를 나타내기 때문입니다.

많은 사람들이 upset을 '화난'의 뜻으로만 잘못 암기하고 있는데요. upset은 약한 분노의 감정과 함께 '마음이 상했거나 실망한' 감정을 담고 있습니다. 예를 들어, 시험 점수가 기대에 못 미쳐 실망스럽고 슬플 때, "I am upset."이라고 말하면 자연스럽습니다.

↳ **오답** Ⓐ 매우 화가 나. → 격식 없이 사용되는 표현으로 강한 분노와 짜증을 나타냄
 Ⓑ 마음이 찢어지는 것 같아. → 큰 상실로 인한 깊은 슬픔을 나타냄
 Ⓒ 짜증이 나. → 성가시거나 불편하여 신경 쓰이는 감정을 나타냄

✖ 뉘앙스 차이 이해하기

I am upset.   **강도가 약하고 부드럽지만, 서운함, 실망, 슬픔이 섞인 복잡한 감정 상태일 때**

I was really upset when my friend canceled our plans.
친구가 약속을 취소했을 때 정말 속상했어.

I am pissed off.   **매우 화가 난 상태이며 분노나 짜증을 강하고 직접적으로 드러낼 때**

I was so pissed off when I got stuck in traffic for two hours.
두 시간 동안 교통 체증에 갇혀서 정말 짜증이 나더라.

네 덕이 크다.

누군가의 덕으로 일이 잘 풀리게 되어 고마울 때
"네 덕분이 크다."라고 말하는데요.
상대의 공을 인정해 주고 싶을 때
영어로는 어떻게 표현해야 자연스러울까요?

  Ⓐ I thank to you.
  Ⓑ It's due to you.
  Ⓒ You were a huge help.
  Ⓓ It's up to you.

🍀 정답   ⓒ You were a huge help.

많은 사람들이 "네 공이 크다.", "네 덕분이야."라는 말을 영어로 떠올릴 때, '공', '덕분'과 같은 명사를 영어로 바꾸려고 합니다. 암기식 영어 공부 습관 때문인데요. 그보다는 문장의 의도를 풀어서 이해하는 것이 매우 중요합니다. 그래야 영어와 한국어가 정확히 매칭되지 않을 때도 유연하게 문장을 만들 수 있죠.

여기서 "네 덕이 크다."라는 말의 의도는 상대의 수고와 도움을 인정하는 것인데요. 이때 contribution(기여), credit(공로)과 같은 딱딱한 단어를 사용할 수도 있지만, 그보다는 상대의 도움(help)이 컸다고 표현하는 것이 일상에서 더 자연스럽습니다.

↳ **오답**   Ⓐ 문법적으로 틀린 표현. thank는 to가 필요 없으므로 "I thank you."라고 해야 하며 "당신 덕분입니다."는 "It's thanks to you."가 더 적절함

　　　　Ⓑ 그것의 원인은 너야. → due to(~로 인해)는 보통 공식적인 맥락에서 이유나 원인을 나타낼 때 쓰며, 'due to + 사람' 구조는 어색하게 들림

　　　　Ⓓ 너에게 달려 있어. → 책임이나 결정을 상대에게 맡기는 상황에 사용

🍀 뉘앙스 차이 이해하기

You were a huge help.   개인적이고 친근한 상황에서 도움에 대한 고마움을 표현할 때
You were a huge help when I was moving to my new apartment.
내가 새 아파트로 이사할 때 네가 정말 큰 도움이 되었어.

It was all possible due to your support.   격식을 갖춘 상황에서 성과가 상대의 지원 덕분임을 강조할 때
It was all possible due to your support and encouragement.
당신의 응원과 지원 덕분에 모든 게 가능했어요.

해결되어 다행이야.

누군가 겪던 힘든 일이 잘 해결되었다는 소식을 들었을 때 "문제가 잘 해결되어서 다행이야."라고 말하는데요. 타인의 어려움이 해결되었다는 것에 대한 공감과 안도의 감정을 영어로는 어떻게 표현하는 것이 가장 적절할까요?

Ⓐ You were lucky that it worked out.
Ⓑ Fortunately, you could solve the problem.
Ⓒ I am so glad that things worked out for you.
Ⓓ Everything went well out of luck.

🍀 정답 ⓒ **I am so glad that things worked out for you.**

"네 일이 잘 해결되어 다행이야."라는 말에는 어려웠던 타인의 상황에 대한 공감, 일이 해결되었다는 것에 대한 안도, 그리고 그 사람을 지지하는 마음이 담겨져 있습니다. 이 말의 의도는 상대의 상황이 잘 풀려서 '나도 기쁘고 안도했다'는 것인데요. 'happy(기쁜, 행복한)'가 직접적이고 강한 기쁨을 나타낸다면, 'glad'는 조용하고 차분한 만족감이나 안도감을 표현합니다. 따라서 "I am so glad that things worked out for you.(문제가 잘 해결되어 정말 기뻐.)"가 이 상황에 가장 적절합니다.

오답   Ⓐ 너 운이 좋게 일이 잘 풀렸다. → 개인의 노력보다는 운이 좋았다는 것을 강조하는 듯한 문장

Ⓑ 다행히도 너는 문제를 해결할 수 있었어. → fortunately는 '다행히도'라는 뜻으로, 상황에 대한 감사와 안도를 표현하지만 감정적인 공감이나 상대에 대한 지지는 느껴지지 않음

Ⓓ 모든 일이 운 덕분에 잘 풀렸어. → out of luck은 '요행으로, 운 좋게도'의 뜻으로, 순전히 운에 의해 일이 다 잘 풀렸다는 뜻

🍀 뉘앙스 차이 이해하기

I am glad that~   특정 상황에 대해 기쁘고 안도하는 개인적인 감정을 표현할 때

I am glad that you are feeling better.
몸이 좀 나아졌다니 다행이야.

I was lucky that~   결과를 운이나 주변의 도움 덕분으로 돌리며 겸손하게 표현할 때

I was lucky that I got the chance to work with her.
그녀와 함께 일할 수 있었던 건 정말 운이 좋았어요.

요리하기 귀찮아.

뭘 하고자 하는 의욕이 없거나,
귀찮고 부담스러운 감정이 들 때
영어로는 어떻게 표현해야 자연스러울까요?

Ⓐ I am so lazy that I never cook.
Ⓑ I don't feel like cooking tonight.
Ⓒ Cooking stresses me out.
Ⓓ I am not into cooking.

🌸 정답 Ⓑ I don't feel like cooking tonight.

우리말에서는 "운동하기 귀찮아.", "청소하기 귀찮아."처럼 일상적인 일에 대한 부담감이나 무기력한 기분을 '귀찮다'는 말로 자주 표현합니다. 꼭 게으르거나 피로한 상태뿐 아니라, 마음의 여유가 없거나 어떤 일에 집중하기 어려운 심리 상태를 간접적으로 드러내는 말이기도 하죠.

비슷한 맥락에서 영어에서 흔히 쓰이는 표현은 'I don't feel like -ing (~할 기분이 아니야)'입니다. 이 표현은 무언가를 할 의욕이 없거나 내키지 않는 감정을 표현할 때 자주 쓰입니다. 또는 'I feel too lazy to~'를 사용해서 몸과 마음이 게을러진 상태를 좀 더 강조할 수도 있답니다.

↳ **오답** Ⓐ 너무 게을러서 요리를 전혀 안 해. → 일시적으로 요리하기 힘들거나 귀찮다기보다는 성격이 게을러서 평소 요리를 하지 않는다는 의미

Ⓒ 요리하는 게 스트레스야. → 귀찮고 성가신 것보다는 심리적으로 부담스럽고 힘들다는 의미

Ⓓ 나는 요리에 관심이 없어. → 귀찮다는 감정보다는 요리에 대한 전반적인 무관심을 나타냄

🌸 뉘앙스 차이 이해하기

I don't feel like -ing 상황이나 기분에 따라 무엇을 하고 싶지 않을 때 '~하고 싶지 않아'
I don't feel like studying today.
오늘은 공부가 하고 싶지가 않네.

I feel too lazy to ~ 해야 할 일이 있지만 마음과 몸이 늘어지고 게을러지는 상태를 강조할 때 '~를 귀찮아서 하기 싫다'
I feel too lazy to go for a walk on cold days.
추운 날에는 산책 나가는 게 귀찮아져.

그동안 고생했다.

공감이나 위로의 뜻으로
'고생했다'라는 말을 자주 쓰죠.
힘든 일을 겪은 사람에게 '고생했다'고 말할 때
영어로는 어떻게 표현해야 자연스러울까요?

Ⓐ You've been through a lot.
Ⓑ You worked so hard.
Ⓒ You've done a great job.
Ⓓ You've sacrificed so much.

❈ 정답 Ⓐ **You've been through a lot.**

'고생'이라는 단어는 한국 문화에서 상징적인 의미를 지닙니다. 맥락에 따라 강인함을 나타내거나 노력과 희생을 인정할 때 사용되는데요. 이 문장에서는 상대가 힘든 일을 겪은 과정에 대해 공감하는 의미로 쓰였습니다.

영어에서 'be through~'는 '어떤 일을 겪다'라는 뜻으로 그 과정이 강조되는 표현입니다. 그러니까 현재완료시제를 사용하여 "You've been through a lot.(너 그동안 많은 일을 겪었네.)"이라고 표현하면 그간의 힘든 과정을 이해하고 공감하는 마음을 전달할 수 있는 것이죠.

↳ 오답 Ⓑ 넌 정말 열심히 했어. → 우리말로는 똑같이 '고생했다'라고 해석될 수 있지만 상대방의 열심히 일한 노고를 칭찬하는 경우에 더 적합
　　　Ⓒ 너무 잘 해냈어. → 일을 잘 마무리한 것에 대해 칭찬할 때 사용
　　　Ⓓ 네가 많은 것을 희생했어. → 위로보다는 손해와 희생이 많았음을 뜻하는 말

❈ 뉘앙스 차이 이해하기

You've been through a lot.	**상대의 힘든 경험과 마음고생 등을 공감하거나 위로할 때** I know you've been through a lot recently, but you've handled it so well. 최근에 고생이 많았던 거 알아. 근데 정말 잘 처리했어.
You worked so hard.	**상대가 열심히 노력하고 열정이 있음을 인정할 때** You worked so hard on this project, and it paid off! 네가 정말 이 프로젝트를 위해 고생했잖아. 성과가 나온 거야!

실감이 안 난다.

큰 상을 받거나 시험에 합격하는 것처럼 너무 좋은 일이 일어났을 때, 그것이 실제로 일어난 일인지 실감이 나지 않는 기분을 영어로는 어떻게 표현할 수 있을까요?

Ⓐ I can't imagine.
Ⓑ It feels unreal.
Ⓒ I feel numb.
Ⓓ I am out of touch with reality.

🟠 정답   ⓑ It feels unreal.

어떤 일이 실제로 일어났음에도 그것이 현실처럼 느껴지지 않거나, 감각적으로 받아들이기 어려울 때 우리말로 "실감이 나지 않는다."고 말합니다. 영어에서도 비슷한 표현들을 사용하는데요. unreal은 '현실 같지 않은'이라는 뜻으로 믿기 어려운 상황을 묘사합니다. 또, surreal은 한층 더 비현실적이거나 초현실적인 상황, 즉 현실을 초월해 꿈같이 느껴지는 상황에서 사용됩니다. 두 단어 모두 실감이 안 나는 기분을 묘사할 때 쓸 수 있답니다.

오답
ⓐ 상상할 수 없어. → 실감이 안 난다는 느낌보다는 머릿속에 그려지지 않는다는 뜻
ⓒ 마비된 느낌이야. → 충격이나 슬픔이 커서 아무 감정이 없거나 신체 감각이 안 느껴진다는 뜻
ⓓ 나는 현실 감각이 없어. → 현실과 동떨어져 있다는 뜻으로, 현실을 객관적으로 인지하지 못하고 자기 생각에 갇혀 있음을 부정적으로 표현

🟠 뉘앙스 차이 이해하기

unreal **주로 긍정적인 상황에서 기대하지 못했던 일이 실제로 일어나 받아들이기 어렵고 실감나지 않는**
Winning this award feels so unreal.
이 상을 받다니 정말 실감이 나지 않습니다.

out of touch **객관적으로 상황 파악을 못하거나 현실 감각이 떨어지는**
The company's leadership is out of touch with what its employees really want.
회사 경영진들은 직원들이 진짜 원하는 것이 뭔지에 대한 감각이 없다.

아쉽다.

누군가 함께 하지 못하거나 기대한 결과에 미치지 못할 때 '아쉽다'라고 표현하는데, 이런 감정을 영어로는 어떻게 표현할 수 있을까요?

Ⓐ Too bad for you.
Ⓑ It's such a shame.
Ⓒ It's your loss.
Ⓓ I am regretful.

🌸 정답   Ⓑ It's such a shame.

우리말 '아쉽다'라는 표현에는 기대한 것이 뜻대로 되지 않은 것에 대한 실망감과 아쉬움이 담겨져 있죠. 많은 분들이 'shame'을 '수치심'의 뜻으로만 알고 있지만, 안타깝고 유감스러운 상황에 '애석한 일'이라는 뜻도 있습니다. 그러니까 "It's such a shame that you can't come."이라고 하면 상대가 함께 하지 못해 아쉽고 애석해하는 마음을 전달할 수 있겠죠. 또는 "It's too bad that you couldn't come.(네가 오지 못해서 아쉬워.)"라고 말하는 것도 자연스럽습니다.

↳ **오답**   Ⓐ 참 안됐네. → 'for you(너는)'가 들어가 냉소적이거나 비꼬는 느낌을 줄 수 있어 부적절

　　　　Ⓒ 네 손해지. → 좋은 기회를 놓쳤다는 뜻으로 빈정거리거나 유머 있게 말하는 뉘앙스

　　　　Ⓓ 나는 후회가 돼. → regretful은 자신이 한 행동에 대해 후회를 느낄 때 쓰는 표현

🌸 뉘앙스 차이 이해하기

It's such a shame. (긍정적) 진심으로 안타까워하거나 아쉬워하며 따뜻하고 공감적으로 반응할 때

It's such a shame you couldn't come to the wedding. It was beautiful.
네가 결혼식에 못 와서 정말 아쉬워. 정말 아름다웠거든.

Too bad for you. (부정적) 무심하거나 냉소적으로 남의 일이라는 듯이 안됐다고 말할 때

You couldn't make it to the party? Too bad for you. We had so much fun.
너 파티에 못 왔다고? 넌 안됐다. 우린 정말 재미있었는데.

진이 빠진다.

지치는 관계 속에서 계속 심리적 에너지가 고갈되거나,
불합리한 일을 겪으면서 의욕이 사라지는 등
감정적으로 지칠 때 '진이 빠진다'고 말하는데요.
영어로는 어떤 표현이 가장 자연스러울까요?

Ⓐ It's so challenging.
Ⓑ It's empowering.
Ⓒ It's burdening.
Ⓓ It's emotionally draining.

🌸 **정답** ① It's emotionally draining.

신체적인 에너지만큼이나 심리적 에너지도 중요한데요. '진이 빠지다'의 사전적 의미는 '실망을 하거나 싫증이 나서 의욕을 상실하다'로, 감정적으로 지치고 에너지가 고갈되는 상황을 묘사할 때 자주 쓰입니다. 가령, 관계에서 반복되는 충돌을 겪거나 지속적인 압박, 이별 등을 경험하여 심리적 에너지가 소진될 때 사용하죠.

'drain'은 동사로 배수구에서 물이 빠져나가는 것을 의미하며, 'draining'은 형용사로 '기운을 빼는' 또는 '소모적인'이라는 뜻을 가지고 있습니다. 에너지가 서서히 빠져나가는 느낌을 주는 단어로, 우리말의 '진이 빠지다'와 비슷한 뉘앙스를 전달합니다.

↳ **오답** Ⓐ 정말 어려운데. → 난이도가 있는 과제를 마주했을 때 사용하는 표현
Ⓑ 힘이 되네. → 힘과 자신감을 주는 긍정적인 경험을 묘사하며 "진이 빠진다."와는 반대 의미
Ⓒ 부담스럽다. → 물리적으로 혹은 심리적 책임감이 무거운 상황을 말할 때 사용

🌸 **뉘앙스 차이 이해하기**

It's draining.	**감정적, 신체적으로 에너지를 소모시키는, 사람을 지치게 하는** Caring for a sick relative is emotionally draining. 아픈 가족을 돌보는 것은 감정적으로 지치게 한다.
It's challenging.	**목표를 이루기 힘들 정도로 어렵고 노력과 능력을 요구하는, 반드시 지치게 하는 것은 아닌 상황** Learning a new language is challenging. 새로운 언어를 배우는 것은 어려운 일이다.

안도했어.

걱정스러웠던 일이 해결되거나
불안한 감정이 해소되면 안도감을 느끼는데요.
가령, 시험 결과에 불안해하다가 통과했다는 것을
알게 되었을 때의 안심이 되는 기분을 영어로는
어떻게 표현하는 것이 가장 자연스러울까요?

Ⓐ It was so relaxing because I passed the test.
Ⓑ I was relieved that I passed the exam.
Ⓒ I felt lucky because I passed the test.
Ⓓ I felt safe that I made it through the exam.

✖ 정답 Ⓑ I was relieved that I passed the exam.

'안심했다'라는 말은 그 이전에는 불안하거나 걱정이 있었다는 것을 의미합니다. 즉, 쌓여 있던 부정적인 감정이 해소될 때 느끼는 감정인데요. relieve는 동사로 '스트레스나 통증을 완화시키다'는 뜻을 가지고 있습니다. 형용사형인 relieved는 더 이상 불안하거나 걱정되지 않는 상태, 즉 '안도한 상태'를 나타냅니다. 예를 들어, 혼자 있어서 불안했는데 누군가를 만나 안심이 되었다거나, 실패할까봐 걱정했는데 좋은 결과를 얻었을 때 자유로워지고 가벼워진 마음을 표현할 수 있습니다.

오답
Ⓐ 시험을 통과해서 너무 여유로운 상황이었어. → relaxing은 휴식처럼 편안한 환경에서 긴장이 풀리는 상태를 나타내며, 안도감과는 다름

Ⓒ 시험에 붙어서 운이 좋다고 느꼈다. → 불안감의 해소보다는 운이 좋아서 통과했음을 강조하는 말

Ⓓ 시험을 잘 끝내서 안전하다고 느꼈어. → safe는 주로 물리적 안전이나 위험으로부터의 보호를 강조함

✖ 뉘앙스 차이 이해하기

feel relieved 걱정이나 불안이 있었으나 사라져서 마음이 놓인
We felt relieved to find our lost keys.
우리는 잃어버린 열쇠를 찾아서 안도했다.

feel safe 물리적, 감정적 위험으로부터 보호받고 있어서 안전한
I feel safe around you.
너와 있으면 안전하다고 느껴.

눈치가 보였어.

환영받지 못한다고 느끼거나 다른 사람들의 기대에
미치지 못한다는 사실이 의식될 때
'눈치가 보인다'라고 말하는데요. 영어로는 이 불편하고
어색한 감정을 어떻게 표현할 수 있을까요?

   Ⓐ I felt shy in front of others.
   Ⓑ I read the room.
   Ⓒ I was disappointed in them.
   Ⓓ I felt awkward and pressured.

🌸 정답   ① I felt awkward and pressured.

한국에서는 '눈치'라는 개념이 매우 중요하며 다양하게 사용됩니다. '눈치가 있다'라고 하면 센스 있게 상황을 인지하고 행동하는 능력이 있다는 긍정적인 뜻이죠. 반면에, 다른 사람의 기대나 요구에 맞춰 행동해야 한다는 부담감을 느낄 때는 '눈치가 보인다'고 말합니다.

영어에서는 사회적 상황에서 어색하거나 불편한 감정을 느낄 때 형용사 awkward(어색한, 불편한)를 쓸 수 있습니다. 여기에 pressured(압박감을 느끼는)라는 단어를 함께 쓰면, 한국어의 '눈치 보이다'의 의미를 비슷하게 전달할 수 있습니다.

↳ **오답** Ⓐ 다른 사람들 앞에서 부끄러움을 느꼈어. → 사회적 상황에서 민망함을 느끼는 성향임을 나타냄
　　　　　Ⓑ 나는 분위기를 파악했어. → 상황이나 사람들의 기분을 파악할 때 쓰는 표현으로, 불편한 감정을 나타내지는 않음
　　　　　Ⓒ 나는 그들에게 실망했어. → 타인이 나의 기대에 못 미쳤다는 의미

🌸 뉘앙스 차이 이해하기

feel awkward and pressured　사회적 상황에서 어색함과 압박감을 느끼다, 부정적 의미의 '눈치가 보이다'

He felt awkward and pressured to agree with their opinion.
그는 그들의 의견에 동의해야 할 것 같은 불편함과 부담을 느꼈다.

read the room　사람들의 감정과 분위기를 읽다, 중립적 의미의 '눈치를 보다'

He wanted to tell a joke but read the room and stayed quiet.
그는 농담을 하려다가 분위기를 보고 조용히 있었다.

뜬금없네.

질문이나 발언이 맥락에 맞지 않거나,
예상하지 못하게 흘러갈 때
'뜬금없다'라고 하는데요.
영어로는 어떻게 표현해야 가장 적절할까요?

Ⓐ That was a bit random.
Ⓑ That was so sudden.
Ⓒ That was out of line.
Ⓓ That was beyond my expectation.

🍀 정답 Ⓐ That was a bit random.

'랜덤(random)'은 우리말 대화에서도 자주 쓰이는데요. '특정한 순서나 계획 없이 무작위로 이루어지는'을 의미합니다. 의도되지 않거나 예측할 수 없는 방식을 묘사하는 단어인데요. 이 단어가 발언이나 질문을 묘사하면 주제나 흐름에 맞지 않거나, 갑작스럽고 예측할 수 없는 말이라는 뜻이 됩니다. 즉, 우리말에서 '뜬금없는', '난데없는'이라는 표현이 가진 엉뚱하고 갑작스러운 느낌을 잘 전달하는 단어입니다.

↳ **오답** Ⓑ 그건 너무 갑작스러웠어. → 시간적인 측면에서 빠르거나 예상치 못하여 당황스럽다는 뉘앙스
Ⓒ 그건 선을 넘었어. → 행동이나 발언이 도를 넘거나 예의에 어긋났을 때 비판의 의미로 쓰임
Ⓓ 그건 기대 이상이었어. → 예상을 뛰어넘는 긍정적인 상황에 주로 쓰임

🍀 뉘앙스 차이 이해하기

random **순서나 계획이 없거나 예측이 불가능한 무작위의**
The question he asked was so random.
그가 한 질문은 정말 뜬금없었다.

sudden **속도가 빠르거나 타이밍을 예상하지 못하여 갑작스러운**
Her decision to leave was sudden.
그녀의 떠나겠다는 결정은 갑작스러웠다.

식사 & 음식

고기가 덜 익었다.

햄버거 패티 등의 고기가
속이 충분히 익지 않았을 때, 영어로는 어떻게
표현하는 것이 가장 적절할까요?

Ⓐ The meat is undercooked.
Ⓑ The meat is still fresh inside.
Ⓒ The meat is cooked rare.
Ⓓ The meat is still tender.

❀ 정답 Ⓐ The meat is undercooked.

우리말에서는 실수든 혹은 의도적이든 고기가 덜 익었을 때 모두 '덜 익었다'라고 말합니다.

반면, 스테이크 문화가 발달한 서구권에서는 고기의 익힘 정도를 세밀하게 나누어 표현합니다. 그런데 이런 익힘 정도와는 별도로, 조리가 충분히 되지 않아 덜 익은 상태를 가리킬 때는 under(부족한)와 cooked(조리된)가 합쳐진 'undercooked(덜 익은)'라는 표현을 사용합니다. 또한, 핏기가 보인다고 할 때는 "The pork is still pink."라고 할 수 있습니다.

↳ **오답** Ⓑ 고기 안쪽이 아직 신선해. → 익은 정도와는 관련이 없음
　　　　Ⓒ 고기를 약간만 익혔어. → rare는 일부러 고기를 약간만 익혀 조리한 상태를 의미
　　　　Ⓓ 고기가 여전히 부드러워. → tender는 부드러운 식감을 설명하며, 익은 정도와 관련이 없음

❀ 뉘앙스 차이 이해하기

| undercooked | **음식이 조리 부족으로 충분히 익지 않은** |

The chicken is undercooked. It needs more time on the grill.
이 닭고기는 덜 익었어. 그릴에서 좀 더 익혀야 해.

| rare | **특히 스테이크나 참치 등을 의도적으로 약간만 익혀 육즙이 많게 조리한 상태** |

I ordered my steak rare.
나는 스테이크를 레어로 주문했어.

국물이 시원해.

한국인들은 조개탕이나 콩나물국처럼
국물이 깔끔하거나 속이 풀리는 기분이 들 때
맛이 '시원하다'고 묘사하는데요. 이런 맛을 영어로는
어떻게 표현해야 가장 자연스러울까요?

   Ⓐ It is cool and minty.
   Ⓑ It tastes mild and bland.
   Ⓒ It is a little spicy and crisp.
   Ⓓ It tastes clean and soothing.

❀ 정답 ① **It tastes clean and soothing.**

음식 문화의 차이로 인해 한국인들이 국물의 개운한 맛을 영어로 정확히 묘사하기란 쉽지 않아요. 그러나 비슷한 느낌을 전달할 수 있는 영어 표현이 있습니다. 바로 'soothing'인데요. 영어에서 이 단어는 보통 따뜻한 수프나 차처럼 몸과 마음을 편안하게 해 주는 음식을 묘사할 때 사용됩니다. soothe는 동사로 '달래다', '진정시키다'라는 뜻을 가지고 있어, 뜨거운 음식을 먹었을 때 속이 풀리는 기분을 가장 잘 전달할 수 있습니다.

↳ **오답** Ⓐ 시원하면서 민트 맛이 나. → minty는 페퍼민트 아이스크림이나 모히토처럼 민트 향이 나는 음식을 묘사할 수 있음
Ⓑ 자극적이지 않고 담백해. → bland는 '밍밍한'이라는 뜻으로 삶은 감자나 두부처럼 담백한 맛을 묘사함
Ⓒ 약간 맵고 아삭해. → crisp는 '아삭한'이라는 뜻으로 이 문장은 김치처럼 아삭한 식감이 있으며 매콤한 맛이 나는 음식을 묘사함

❀ 뉘앙스 차이 이해하기

`soothing` **따뜻한 국물이나 차가 몸을 편안하게 해 주고 진정되는 느낌을 주는**
This ginger tea is so soothing on a cold day.
이 생강차는 추운 날에 정말 따뜻하고 진정되는 느낌이에요.

`refreshing` **주로 차가운 음식이나 음료가 상쾌한 느낌을 주는**
This naengmyeon tastes so refreshing.
이 냉면은 정말 시원하다.

김치가 아삭하다.

김치나 오이는
씹을 때 아삭한 식감이 있는데요.
이 식감을 영어로 어떻게 표현해야
가장 자연스러울까요?

Ⓐ The kimchi is crispy.
Ⓑ The kimchi is juicy.
Ⓒ The kimchi is crisp.
Ⓓ The kimchi is chewy.

🌸 정답   ⓒ **The kimchi is crisp.**

김치의 아삭한 식감은 먹는 즐거움을 주죠. 이렇게 음식을 씹을 때 아삭아삭한 소리가 나는 식감을 'crisp'라고 표현해요. 주로 사과나 오이 같은 과일과 채소의 신선한 식감을 묘사할 때 쓰이죠.

또한, crisp는 음식뿐 아니라 공기나 날씨를 묘사할 때도 자주 사용되는데요. 예를 들어, 가을에 시원한 바람을 맞으며 느끼는 상쾌함을 "The air is crisp."라고 표현합니다. '아삭한'과 '상쾌한'은 서로 다른 의미 같지만, 기분 좋은 시원한 느낌을 준다는 공통점이 있죠.

> 오답   Ⓐ 김치가 바삭해. → crispy는 겉이 바삭하다는 뜻으로, 주로 얇게 튀겨진 음식에 적합한 표현
>
> Ⓑ 김치가 즙이 많아. → juicy는 고기나 과일 등이 즙이 많고 촉촉한 상태를 의미
>
> Ⓓ 김치가 쫄깃해. → chewy는 고기나 떡 같은 음식을 씹을 때 쫀득하고 질긴 식감을 나타냄

🌸 뉘앙스 차이 이해하기

crisp 신선한 채소나 사과처럼 속이 단단한 음식을 씹을 때 식감이 아삭한

The apple is crisp and refreshing.
사과가 아삭하고 상쾌해요.

crispy 주로 튀김이나 과자 등의 겉부분이 바삭한

The fried chicken is so crispy on the outside.
프라이드치킨의 겉이 정말 바삭해요.

맛이 느끼하다.

기름기가 많거나 크림이나 치즈 등이 지나치게
많이 들어가면 맛이 '느끼하다'라고 표현하는데요.
영어로는 어떤 표현이 가장 적절할까요?

Ⓐ It is fatty.
Ⓑ It is greasy.
Ⓒ It is buttery.
Ⓓ It is bland.

✿ 정답 ⓑ It is greasy.

greasy는 /그리씨/ 또는 /그리지/로 발음됩니다. 이 단어는 부정적인 뉘앙스로 과도하게 기름기가 많고 느끼하다는 의미로 쓰입니다. 명사형 grease(기름기, 윤활유)에서 나온 형용사인데요. 우리말 '느끼하다'가 기름이 지나치게 많다는 의미를 담고 있듯이, 영어의 greasy도 기름기가 많아 불쾌감을 주는 상태를 나타냅니다. 음식뿐 아니라 기름에 번들거리는 머리카락이나 피부를 묘사할 때도 사용할 수 있습니다.

↳ 오답 Ⓐ 지방 함량이 높아. → fatty는 지방이 많다는 뜻이지만 느끼한 맛을 직접적으로 묘사하지는 않음
　　　 Ⓒ 버터 맛이 나. → buttery는 긍정적인 맛을 묘사하며, 버터가 많이 들어가 부드럽고 고소한 맛을 의미
　　　 Ⓓ 맛이 밍밍해. → bland는 싱겁거나 맛이 없는 상태를 의미

✿ 뉘앙스 차이 이해하기

greasy **주로 부정적인 의미로 음식이나 피부 등의 기름기가 과도하거나 번들거리는**
My hair feels greasy after not washing it for days.
며칠 동안 머리를 안 감아서 머리카락이 번들거려.

oily **주로 중립적인 의미로 기름이 많이 묻어 있는**
The stir-fried vegetables are a bit oily.
볶음 채소가 조금 기름져.

반숙으로 삶아 줘.

계란을 삶을 때 노른자를 완전히 익히지 않고
반숙으로 즐기는 경우가 많은데요.
반숙으로 조리한 삶은 계란은 영어로
어떻게 표현해야 적절할까요?

Ⓐ I'd like mine over easy.
Ⓑ Please make it soft-boiled.
Ⓒ Can you make mine sunny-side up?
Ⓓ Can I have it undercooked?

❈ 정답 ⒷPlease make it soft-boiled.

영어권에서는 계란 요리가 대표적인 아침 식사인 만큼 조리법에 대한 다양한 표현들이 존재합니다. 우리말에서는 삶은 계란뿐 아니라 계란프라이도 반숙, 완숙으로 표현하는 반면, 영어에서는 더 세세한 표현이 있어요. 삶은 계란의 경우에는 부드럽게 삶아졌다면 soft-boiled(반숙), 노른자가 완전히 굳도록 삶았다면 hard-boiled(완숙)라고 합니다.

↳ **오답** Ⓐ 계란프라이를 뒤집어서 살짝 익힌 걸로 주세요. → over easy는 계란프라이의 양쪽 면을 살짝 익히되, 노른자는 부드럽게 남아 있는 상태를 의미

Ⓒ 계란프라이 한 면만 익혀 주세요. → sunny-side up은 한 면만 익혀 노른자가 위로 보이는 계란프라이를 뜻함

Ⓓ 덜 익힌 걸로 주세요. → undercooked는 단순히 충분히 조리되지 않은 상태를 의미하며 조리법을 묘사하지는 않음

❈ 뉘앙스 차이 이해하기

soft-boiled 삶은 계란의 노른자가 부드러운, 반숙의
I like my eggs soft-boiled for breakfast.
나는 아침 식사로 반숙으로 삶은 계란을 좋아해.

over-easy 계란프라이의 양쪽 면을 모두 익히되, 살짝만 익혀 노른자가 반숙인
I prefer my eggs over easy with toast.
나는 반숙 계란프라이와 토스트 빵을 먹는 걸 더 좋아해.

막걸리가 걸쭉하다.

막걸리는 다른 술과 비교해서
걸쭉한 느낌이 특징인데요.
이런 질감을 영어로는 어떻게 표현할까요?

Ⓐ It is smooth.
Ⓑ It is clear and watery.
Ⓒ It is thick.
Ⓓ It is milky.

❀ 정답   ⓒ It is thick.

소주와 막걸리는 우리나라의 대표적인 술이죠. 두 술의 질감을 영어로 표현한다면 각각 thin과 thick을 쓸 수 있답니다. 소주는 묽고 가벼운(thin, watery) 느낌이고, 막걸리는 걸쭉하고 진한(thick) 느낌이죠. thick은 두껍다는 뜻 말고도 밀도나 농도가 '진하다'는 의미로 자주 쓰이는 단어예요. 액체의 농도를 묘사할 때 thick을 쓰면, 짙고 진한 질감을 가졌다는 뜻이 됩니다.

↳ **오답**   Ⓐ 부드러워. → smooth는 술의 질감을 묘사할 때 목 넘김이 부드럽다는 의미로 자주 사용하며, 걸쭉하다는 의미와는 다름
   Ⓑ 맑고 묽어. → 투명하고 묽은 소주에 더 어울리는 묘사
   Ⓓ 우윳빛을 띠어. → milky는 색상이 희고 뿌연 상태를 의미하며, 막걸리나 국밥 등의 색깔을 묘사하지만 질감과는 무관함

❀ 뉘앙스 차이 이해하기

thick   **액체가 잘 흐르지 않고 농도가 짙거나 깊은 맛인**
The soup is thick and rich.
수프가 걸쭉하고 진하다.

watery   **액체가 쉽게 흐르거나 묽고 맛이 연한**
The soup is watery and thin.
수프가 묽고 연하다.

Q67

김치가 새콤하다.

잘 익은 김치는 특유의 톡 쏘는 시원하면서도 새콤한 맛이 있는데요. 이 맛을 영어로는 어떻게 표현하면 가장 자연스러울까요?

Ⓐ It is crisp.
Ⓑ It tastes off.
Ⓒ It tastes sweet and sour.
Ⓓ It is tangy.

✿ 정답   ① It is tangy.

우리말에는 '시다, 시큼하다, 새콤하다'처럼 신맛을 묘사하는 표현이 다양한데요, 영어에서도 마찬가지입니다. 식초나 레몬 같은 단순한 신맛을 묘사할 때는 sour(신맛의)를 쓰죠. 그런데 레모네이드나 과일 요거트, 귤과 같은 과일의 좀 더 복잡하면서도 상큼한 신맛을 묘사할 때는 tangy/탱이/(새콤한)를 자주 사용합니다. 신김치의 강한 신맛을 표현할 때는 sour를 쓸 수 있겠지만, 시원하면서 새콤한 맛을 강조하고 싶다면 tangy가 잘 어울립니다.

↳ **오답** Ⓐ 아삭해. → 김치의 식감을 나타낼 때 적합함
　　　　　Ⓑ 맛이 변했어. → 맛이 변질되었거나 이상하다는 의미
　　　　　Ⓒ 달콤새콤해. → 보통 탕수육 소스처럼 달달하면서도 신맛이 나는 음식을 묘사

✿ 뉘앙스 차이 이해하기

`tangy` **과일이나 발효 음식, 드레싱 등이 상쾌하게 새콤한**
I love the tangy taste of lemonade.
나는 레모네이드의 새콤한 맛을 좋아한다.

`sour` **기본적인 신맛을 묘사하며 좀 더 강렬하고 자극적인 뉘앙스**
The vinegar is too sour for me.
그 식초는 나한텐 너무 시다.

맛이 갔다.

음식이 상했거나 맛이 변질되었을 때
'맛이 갔다'라고 표현하는데요. 이 뜻을 가장
잘 나타내는 영어 표현은 무엇일까요?

Ⓐ It tastes bad.
Ⓑ It tastes off.
Ⓒ It is stinky.
Ⓓ It's gone.

🌸 정답   Ⓑ It tastes off.

우리말로 '맛이 갔다' 혹은 '맛이 이상하다'라고 하면 맛이 변질되거나 상했다는 의미죠. 영어에서도 정상이 아닌 변질된 맛을 'off'를 써서 표현하는데요, 바로 off에 '정상이 아닌, 이상한'의 의미가 있기 때문입니다. 음식이 상했을 때뿐만 아니라, 간이 맞지 않거나 맛이 좀 이상할 때도 "It tastes off.(맛이 정상이 아니야.)"라고 표현합니다.

↳ 오답   Ⓐ 맛이 없어. → 음식이 맛이 없다는 의미
　　　　Ⓒ 냄새가 고약해. → 취두부나 홍어와 같은 강하고 톡 쏘는 냄새가 나는
　　　　　음식을 묘사
　　　　Ⓓ 다 없어졌어. → 음식이 사라졌다는 뜻

🌸 뉘앙스 차이 이해하기

It tastes off.	음식의 맛이 평소와 다르거나 이상하다 (맛이 변질되었거나 상했을 때) This soup tastes off. Maybe the ingredients weren't fresh. 이 수프 맛이 이상해. 아마 재료가 신선하지 않았던 것 같아.
It's gone bad.	꼭 맛을 묘사하지는 않으며, 음식이 상하거나 부패하다 (음식이 완전히 상해서 먹을 수 없는 상태) The milk's gone bad. It's sour and thick. 우유가 상했어. 신맛이 나고 걸쭉해.

면발이 쫄깃하다.

라면이나 우동과 같은 요리를 묘사할 때
면발이 쫄깃하다고 말하는데요.
이런 식감을 영어로는 어떻게 표현할까요?

Ⓐ The noodles are soggy.
Ⓑ The noodles are crispy.
Ⓒ The noodles are chewy.
Ⓓ The noodles are tough.

🌸 정답 ⓒ The noodles are chewy.

음식 문화에 따라 자주 쓰이는 식재료도 다르고, 그에 맞게 식감을 묘사하는 단어들이 생기는데요. 영어에서는 젤리나 쫀득하게 구워진 빵 등을 묘사할 때 'chewy'/추이/라는 표현을 사용해요. 이 단어는 chew(씹다)라는 동사에 -y를 붙여, 씹었을 때 탄력이 있는 식감을 묘사하는데요. 서양 음식의 식감과는 정확히 일치하지는 않지만 떡이나 면발의 쫀득한 식감도 chewy라고 표현합니다. 다만, chewy가 고기 요리를 묘사할 때 쓰이면 자꾸 씹어야 할 정도로 '질기다'라는 뜻도 될 수 있답니다.

→ 오답 Ⓐ 면발이 불었어. → soggy는 면발이나 튀긴 음식 등이 눅눅하고 무른 상태를 나타냄
 Ⓑ 면발이 바삭해. → crispy는 바삭바삭한 식감을 나타내며, 얇고 바삭한 음식에 사용
 Ⓓ 면발이 질겨. → tough는 씹기 어려운 고기나 오래 조리된 음식이 질기다는 의미

🌸 뉘앙스 차이 이해하기

chewy **씹는 느낌이 탄력이 있고 쫀득한**
I love chewy rice cakes.
나는 쫄깃한 떡을 좋아해.

soggy **음식이 과도하게 수분을 흡수하여 무르거나 눅눅한**
The cereal in milk became soggy.
우유에 있는 시리얼이 눅눅해졌어.

얼른 드세요.

식탁에 앉아서 다른 사람들에게
음식이 식기 전에 얼른 드시라고 권할 때가 있죠.
이 맥락에 가장 잘 어울리는 표현은 무엇일까요?

Ⓐ Eat fast please.
Ⓑ Go ahead.
Ⓒ Grab a quick bite.
Ⓓ Have your meal quickly.

🌸 정답   ⓑ Go ahead.

"얼른 드세요."는 식사 속도를 내라는 의미가 아니라, 식사를 시작하라고 권하는 말이죠. 영어에서 이런 행동을 권할 때 자주 쓰는 표현이 "Go ahead."입니다. 예를 들어 발표를 시작하라고 할 때 "Go ahead."라고 하면 "시작하시죠."라는 뜻이 됩니다.

누군가 물건을 빌려 가려 할 때도 "가져가세요."라는 허용과 권유의 의미로 사용되는데요. 식사 자리에서도 예의를 갖추면서 상대방이 식사를 시작하길 권할 때 자연스럽게 사용할 수 있답니다.

↳ **오답**   Ⓐ 빨리 드세요. → 서둘러서 식사를 마치라는 의미
　　　　Ⓒ 간단하게 먹어. → 보통 샌드위치처럼 가벼운 식사를 하라는 의미
　　　　Ⓓ 식사를 서둘러 하세요. → 급히 먹으라는 의미

🌸 뉘앙스 차이 이해하기

go ahead   허용이나 권유의 의미로 무언가를 시작하거나 진행하라는 뜻
If you have a question, go ahead and ask.
질문 있으면 해도 돼.

eat fast   시간이 촉박한 상황에서 식사를 빠르게 하라는 뜻
You need to eat fast. We're running late.
빨리 먹어야 해. 우리 늦겠어.

설탕 섭취 좀 줄여.

건강하게 먹으라는 조언을 할 때 밀가루나 설탕, 커피 등을 줄이라는 말을 하죠. 이렇게 어떤 음식을 줄이거나 덜 섭취하라는 말을 영어로는 어떻게 표현하는 것이 가장 자연스러울까요?

Ⓐ You should cut down on sugar.
Ⓑ Let's decrease sugar.
Ⓒ It's better to cut off sugar.
Ⓓ You should lessen sugar.

🌸 정답 Ⓐ **You should cut down on sugar.**

'줄이다'라는 뜻의 영어 단어로는 reduce, decrease와 같은 단어가 떠오르죠. 하지만 이 단어들은 주로 수치나 양을 줄일 때 쓰여요. 일상에서 음식이나 소비의 행동, 습관을 줄일 때는 'cut down on'을 자주 씁니다. 단어 그대로 어떤 습관이나 행동을 잘라 내며(cut) 줄여 나간다(down)는 이미지를 떠올리게 하죠.

↳ 오답 Ⓑ 설탕을 줄이자. → decrease는 수치나 양 등 객관적 수치를 줄인다는 의미

Ⓒ 설탕을 완전히 끊는 것이 낫겠어. → cut off는 완전히 끊는다는 의미

Ⓓ lessen은 주로 감정이나 영향처럼 추상적인 개념을 줄인다는 의미로 사용되므로 부자연스러운 문장

🌸 뉘앙스 차이 이해하기

| cut down on~ | **습관이나 행동 등을 점진적으로 줄이다** |

He's trying to cut down on junk food.
그는 몸에 안 좋은 음식을 줄이려고 노력 중이야.

| decrease | **수치나 양을 객관적으로 줄이다** |

The medication helps to decrease blood pressure.
그 약은 혈압을 낮추는 데 도움을 준다.

음식이 질려.

같은 음식을 반복해서 먹다 보니 만족감이 없고 지겨운 기분이 들죠. 이때 영어로는 뭐라고 표현해야 가장 자연스러울까요?

Ⓐ It's too heavy.
Ⓑ I am stuffed.
Ⓒ It doesn't sit with me.
Ⓓ I'm getting tired of it.

🍀 정답 ① I'm getting tired of it.

우리말에서 '질린다'는 말은 싫증뿐 아니라, 심리적 피로감이나 부담감이 클 때도 사용됩니다. 영어의 tired도 마찬가지로, 신체적 피로뿐 아니라 감정적으로 지치거나 지겨울 때 쓰입니다.

예를 들어, 영화가 지겹거나, 같은 음식을 먹는 것에 질렸을 때 "I am tired of it." 또는 "I am getting tired of it."이라고 표현할 수 있습니다.

↳ **오답**　Ⓐ 너무 부담돼. → heavy는 크림 파스타처럼 음식이 너무 느끼하거나 기름져서 소화가 잘 안 된다는 의미
　　　　　 Ⓑ 너무 배가 불러. → 배가 꽉 찰 정도로 부른 상태를 의미
　　　　　 Ⓒ 이 음식은 소화가 잘 안 돼. → 어떤 음식을 먹으면 속이 불편하다는 뜻으로 쓰임

🍀 뉘앙스 차이 이해하기

`get tired of`　**(일상적이고 약한) 싫증이나 지겨움을 느끼다**
I'm getting tired of this weather.
이 날씨에 점점 질린다.

`be fed up with`　**(강한 불만이나 짜증) 참을 수 없을 정도로 지치다**
He's fed up with his job.
그는 자기 일에 완전히 지쳤어.

김치가 잘 익었네.

김치는 숙성 정도에 따라 맛이 달라지죠.
시간이 지나면 시큼한 깊은 맛을 내는 상태가 되는데요.
잘 익은 김치를 영어로 어떻게 표현하는 것이
가장 자연스러울까요?

Ⓐ The kimchi is well fermented.
Ⓑ The kimchi is freshly made.
Ⓒ The kimchi is well-cooked.
Ⓓ The kimchi is ripe.

✿ 정답 Ⓐ **The kimchi is well fermented.**

우리말의 '익다'라는 표현은 고기를 굽거나 끓여서 잘 익었을 때, 열매가 잘 여물었을 때처럼 다양한 맥락에서 쓰이는 표현이에요. 그중에서도 "김치가 익었다."라는 말은 발효가 잘 되었다는 뜻이죠. 영어로는 fermented/퍼먼티드/라고 하며, 와인과 같은 술 또는 요거트, 된장과 같은 음식이 발효될 때도 흔히 쓰입니다.

그렇다면 겉절이처럼 발효가 되지 않은 막 담근 김치는 어떻게 표현할까요? fresh kimchi라고 하면 된답니다.

↳ **오답** Ⓑ 이 김치는 갓 만들었어. → 겉절이 김치를 설명할 때 적합함
　　　　 Ⓒ 이 김치는 잘 조리되었어. → 발효가 아닌 불로 조리되었다는 뜻
　　　　 Ⓓ 이 김치는 익었어. → ripe는 과일이나 곡물이 잘 익었을 때 사용

✿ 뉘앙스 차이 이해하기

`fermented`　**치즈, 김치, 된장 등의 음식이 발효가 된**
This cheese is made from fermented milk.
이 치즈는 발효된 우유로 만들어졌어요.

`well-cooked`　**고기, 야채, 생선 등이 열을 이용해 충분히 조리되어 익은**
The chicken is well-cooked, tender and juicy.
이 치킨은 잘 익어서 부드럽고 촉촉하다.

미용 & 패션

부티난다.

옷차림이나 외모, 분위기 등이 고급스럽거나 세련되어 보일 때 흔히 '있어 보인다' 혹은 '부티난다'고 표현하죠. 이걸 영어로는 어떻게 표현해야 가장 자연스러울까요?

Ⓐ She looks flashy.
Ⓑ Her fashion is rich.
Ⓒ She looks classy.
Ⓓ She has a showy style.

❈ 정답   ⓒ She looks classy.

영어에서 class는 원래 사회적 계층을 의미하는 단어입니다. 이 단어가 고급스러움이나 세련됨을 상징하는 표현으로도 쓰이게 된 이유가 여기서 비롯됩니다. 우리말의 '급이 있어 보인다'라는 표현과 비슷한 맥락인데요. 이 단어에 y를 붙여 형용사 classy로 만들면, 사람의 태도나 패션, 또는 장소의 분위기 등이 세련되거나 고급스럽다는 뜻이 됩니다.

가수 싸이는 한 미국 방송에서 강남 스타일 춤에 대해 "Dress classy. Dance cheesy.(의상은 고급스럽게, 춤은 싼티나게.)"라는 멋진 표현을 쓰기도 했죠.

↳ **오답**   Ⓐ 그녀의 스타일은 튀어(화려해). → flashy는 번쩍거리듯 '화려하다'라는 의미로, 눈에 띄거나 과장된 느낌이 들 때 쓰임
   Ⓑ rich는 부유하다는 뜻으로 옷이나 스타일을 설명할 때는 자연스럽지 않음
   Ⓓ 그녀는 너무 과시하는 듯한 스타일이야. → 자신을 드러내려고 과하게 꾸며, 세련되지 못할 때 쓰는 표현

❈ 뉘앙스 차이 이해하기

`classy` **과시적이지 않지만 고급스러움과 세련되어 품격이 있는**
She looked classy in her simple black dress and pearl necklace.
그녀는 심플한 검은 드레스에 진주 목걸이로 고급스러워 보였어.

`showy` **눈에 띄게 과하게 꾸미고, 자랑하려는 듯한 화려함이 있는**
She has a showy style with big designer logos.
그녀는 큼직한 디자이너 로고가 가득한 과시적인 스타일이야.

날씬해졌어.

살이 빠지거나 운동을 해서 몸매가 날씬해졌다고 이야기할 때가 있죠. 이런 몸매의 변화를 영어로는 어떻게 표현해야 자연스러울까요?

Ⓐ She is skin and bones.
Ⓑ She has slimmed down.
Ⓒ She packed on the pounds.
Ⓓ She is out of shape.

🌸 정답   Ⓑ **She has slimmed down.**

체중이 늘거나 줄었을 때는 gain weight(체중이 늘다), lose weight(체중이 줄다)를 씁니다. 몸무게의 변화만 묘사하는 표현인데요. 최근에는 다이어트할 때 단순히 체중 변화보다도 근육을 만들거나 체형을 변화시키는 데 더 관심이 많아졌죠. 이때 쓸 수 있는 표현이 바로 slim down(날씬해지다)입니다. slim이 동사로 쓰여 군살이 빠지고 몸매가 날씬해진 이미지를 강조할 수 있습니다.

↳ **오답**   Ⓐ 그녀는 뼈만 남았어. → skin and bones는 너무 말라서 살이 거의 없는 상태를 말할 때 쓰는 표현
　　　　Ⓒ 그녀는 살이 쪘어. → packed on the pounds는 살이 쪄서 몸무게가 늘어났다는 뜻
　　　　Ⓓ 그녀는 몸매가 안 좋아. (또는 체력이 안 좋아.) → out of shape은 운동 부족 등으로 몸이 망가지거나 체력이 떨어진 상태를 말함

🌸 뉘앙스 차이 이해하기

slim down   몸매 변화를 나타냄, 운동이나 식습관 개선을 통해 몸매가 다듬어지고 날씬해지다
I'm working out to slim down my waist.
허리를 날씬하게 만들려고 운동하고 있어요.

lose weight   체중 변화를 나타냄, 건강 관리나 다이어트와 관련하여 체중을 줄이다
I want to lose weight for my health.
건강을 위해 살을 빼고 싶어요.

머리숱이 많다.

풍성한 머리카락을 가진 사람들을 묘사할 때
'머리숱이 많다'고 하는데요.
머리숱이 많은 것을 영어로는 어떻게
표현해야 가장 자연스러울까요?

Ⓐ You have many hairs.
Ⓑ You have thick and full hair.
Ⓒ You are very hairy.
Ⓓ You have rich hair.

✿ 정답 ⒷYou have thick and full hair.

문화마다 사물을 바라보는 서로 다른 방식이 언어에도 반영되죠. 머리숱도 그런 예인데요. 우리말에서는 숱이 '많다, 적다'라고 표현하지만, 영어에서는 밀도의 개념으로 묘사해요. 마치 숲에 나무가 빽빽하게 들어선 것처럼 머리카락이 촘촘히 자리 잡은 것으로 보는 것이죠. 그래서 영어에서는 형용사 'thick'을 사용합니다. thick은 '두꺼운' 외에도 안개가 짙거나 액체의 농도가 진할 때처럼 밀도가 높을 때 쓰입니다. 'thick and full'이라고 하면, 머리숱이 많고 볼륨감이 있다는 뜻이 된답니다.

↳ **오답** Ⓐ 너는 머리카락이 많다. → hair가 복수로 쓰이면 낱개의 머리카락을 의미하는데, 옷에 머리카락이 붙어 있는 것처럼 개별의 머리카락이 많다는 뜻
  Ⓒ 너는 몸에 털이 많다. → hairy는 주로 몸에 털이 많은 상태를 의미함
  Ⓓ 너는 머리카락이 윤기가 있다. → rich는 머리카락이 건강하거나 탄력이 있어 보인다는 뜻

✿ 뉘앙스 차이 이해하기

have thick hair	**전체적으로 머리숱이 많고 머리카락이 볼륨감이 있다** You have thick hair. So it makes your ponytail look really full. 넌 머리숱이 많아서 포니테일이 정말 풍성해 보여.
have thick hair strands	**머리카락 한 올 한 올이 굵다** If you have thick hair strands, it can be harder to manage frizz. 머리카락 굵으면 부스스해졌을 때 관리가 더 어려울 수 있어.

옷이 너무 요란하다.

색깔이 너무 강렬하거나, 반짝이는 장식 등이 달려
옷이 장소에 걸맞지 않게 느껴질 때
'요란하다'라고 말하는데요. 영어로는
어떤 표현이 가장 자연스러울까요?

Ⓐ That looks outdated.
Ⓑ That looks too matchy-matchy.
Ⓒ That's too loud.
Ⓓ That's outstanding.

❈ 정답 ⓒ **That's too loud.**

loud는 청각적으로 요란하거나 시끄럽다는 뜻뿐 아니라 시각적으로 강렬한 자극도 묘사합니다. 눈에 띄게 화려하거나 부담스러울 정도로 요란하다는 뉘앙스를 담고 있는데요. 예를 들어, 형광색 등 대담한 색상의 조합이거나, 특이한 패턴이나 액세서리 등이 달려 있을 때 loud하다고 표현할 수 있습니다.

비슷한 의미로 옷차림이 장소에 비해 과하게 느껴질 때는 "It's a bit too much."라고 말할 수도 있습니다.

오답
- Ⓐ 그건 촌스러워 보여. → outdated는 유행에 뒤떨어져 보이는 것을 의미하며, 올드해 보인다는 뜻
- Ⓑ 너무 깔맞춤이야. → matchy-matchy는 옷이나 색상, 스타일을 지나치게 맞춰 입어서 오히려 어색해 보일 때 사용하는 표현
- Ⓓ 그건 정말 눈에 띄어. → outstanding은 긍정적인 의미로 눈에 띄거나 탁월하다는 칭찬의 의미

❈ 뉘앙스 차이 이해하기

loud (주로 부정적) 과도하게 강렬하거나 부담스럽게 요란한
That shirt is a bit too loud with all those neon colors.
저 셔츠는 형광색 때문에 좀 너무 튀어.

flashy (중립적 혹은 긍정적) 화려하고 주목받는 스타일을 묘사
Her new sports car is really flashy.
그녀의 새 스포츠카는 정말 화려해.

오늘 스타일 좋은데!

깔끔하고 트렌디한 복장으로 세련된 인상을 줄 때,
우리는 보통 '스타일이 좋다'
혹은 '깔끔하다'고 칭찬하죠.
이럴 때 영어로는 뭐라고 해야 자연스러울까요?

　Ⓐ　You look sharp today!
　Ⓑ　You are so dressed-up today!
　Ⓒ　You look very formal today!
　Ⓓ　You look a bit outdated today!

✣ 정답 Ⓐ **You look sharp today!**

"You look sharp."는 누군가가 깔끔하고 세련되게 차려입었을 때 외모를 칭찬하는 말이에요. 여기서 'sharp'는 날카롭다는 뜻이 아니라, 옷차림이나 전체적인 모습이 정돈되고 각이 잡혀 있어 '눈에 띄게 멋있다'는 의미입니다.

꼭 정장을 입지 않았더라도 평소보다 더 말끔하고 신경 쓴 인상이 들 때 자연스럽게 쓸 수 있는데요. 특히 미국식 영어에서 남성의 패션에 대해 칭찬할 때 자주 쓰입니다.

→ 오답 Ⓑ 오늘 엄청 차려입었네! → 평소와 다르게 잘 차려입었다는 사실을 강조하는 뉘앙스
Ⓒ 오늘 되게 격식 있게 입었다! → 상대가 정장이나 드레스를 입고 있음을 나타내는 말
Ⓓ 오늘 좀 촌스러워 보여. → 스타일이 유행에 뒤떨어졌다는 뜻

✣ 뉘앙스 차이 이해하기

look sharp 깔끔하고 단정한 스타일에 대해 칭찬할 때
Everyone at the office looked sharp for the presentation.
발표 때문에 사무실 사람들이 다 깔끔하게 입었어.

look dressed-up 평소보다 더 꾸민 듯한 모습에 대해 말할 때 (칭찬보다는 관찰)
She looked really dressed-up for a casual lunch.
그녀는 그냥 편한 점심 약속인데도 꽤 차려 입은 느낌이었어.

몸이 탄탄해.

보디빌더처럼 근육질은 아니지만
운동을 해서 몸이 다부지고 근육이 충분히 있어
건강해 보일 때 '탄탄하다'라고 표현하는데요.
영어로는 어떻게 표현해야 가장 자연스러울까요?

   Ⓐ She has a strong body.
   Ⓑ She is muscular.
   Ⓒ She is lean.
   Ⓓ She has a toned body.

🍀 정답 ① She has a toned body.

몸의 근육을 만들고 싶지만 그렇다고 울퉁불퉁한 큰 근육이 많은 몸을 원하지 않을 수 있잖아요. 이럴 때 쓸 수 있는 단어가 tone입니다. tone은 '어조, 음색'이라는 뜻 말고도 몸을 묘사할 때는 '근육의 탄력', '탄력 있게 만들다'라는 뜻이 있어요. 그래서 'have a toned body'라고 운동을 해서 군살이 없고 전체적으로 탄탄해 보이는 몸을 묘사할 수 있답니다.

↳ 오답 Ⓐ 그녀는 체력이 좋아. → 체력이나 근력이 세다는 의미이며 몸의 탄탄함을 묘사하지는 않음

Ⓑ 그녀는 근육질이야. → 몸이 탄탄한 것보다는 더 크고 많은 근육을 가졌다는 인상을 줌

Ⓒ 그녀는 군살이 없어. → lean은 체지방이 적고 날씬하다는 느낌을 주지만, 근육이 있는 탄탄한 몸을 묘사하지는 않음

🍀 뉘앙스 차이 이해하기

toned **운동을 통해 근육이 잡히고 탄력 있는**
Yoga helps me stay toned and flexible.
요가는 내 몸을 탄탄하고 유연하게 유지하는 데 도움이 돼요.

muscular **보디빌더처럼 근육이 두드러지고 많은**
Ma Dong-seok's muscular arms have become his trademark.
마동석의 근육질 팔은 그의 상징이 되었어요.

옷이 노출이 심해.

어깨가 많이 드러나거나 등이 깊게 파인 옷을 보면
'노출이 심하다'라고 말하는데요. 영어로는
어떤 표현을 써야 가장 자연스러울까요?

Ⓐ That's inappropriate.
Ⓑ That's too revealing.
Ⓒ That looks too sexy.
Ⓓ That looks very flashy.

❈ 정답   ⓑ That's too revealing.

우리말에서 '노출이 심하다'라는 말은 옷의 길이가 짧거나 파임이 큰 디자인을 말하며, 흔히 과하게 드러내는 느낌을 전달할 때 사용되죠. 영어의 reveal 동사는 '드러내다, 보여 주다'라는 뜻인데요, 무언가를 가리거나 숨기지 않고 보여 주는 것을 뜻합니다. 그래서 옷이 revealing하다고 말하면 몸을 가리지 않아 피부가 드러나는 부분이 많다는 의미가 되는 것이죠.

↳ 오답   ⓐ 그건 부적절해. → 옷이나 언행 등이 예의에 걸맞지 않다는 의미로 쓰임
ⓒ 그건 너무 섹시해 보여. → 노출이 심할 때 섹시하게 보일 수 있지만, 직접적으로 노출이 많다는 것을 의미하지는 않음
ⓓ 그건 너무 화려해 보여. → flashy는 옷이 화려하고 눈에 띄는 경우에 쓰이며, 노출이 심한 것과는 다름

❈ 뉘앙스 차이 이해하기

revealing 파이거나 짧은 디자인으로, 옷차림이 노출이 있고 몸을 많이 드러내는
That top is a bit too revealing for a family gathering.
그 상의는 가족 모임에 입기에는 조금 노출이 심해.

sexy 옷이나 외모 등이 섹시하게 보인다는 의미, 도발적이거나 성적으로 매력 있어 보이는
That red dress looks so sexy on you!
그 빨간 드레스가 너에게 정말 섹시해 보여!

너한테 잘 어울려.

친구에게 의상이나 액세서리 등이
잘 어울린다고 칭찬을 하고 싶을 때가 있죠.
이때 어떤 표현을 써야 가장 자연스러울까요?

Ⓐ It matches you.
Ⓑ It fits you.
Ⓒ It looks good on you.
Ⓓ It goes well with you.

🍀 정답   ⓒ It looks good on you.

한국인에게는 의외로 헷갈릴 수 있는 표현입니다. 우리말에서는 누군가의 옷이 예쁘면 "너랑 잘 어울린다.", 즉, '조화롭다'는 식으로 말하죠. 사람과 옷의 관계를 조화의 관점에서 바라보는 셈입니다.

하지만 영어에서는 그렇지 않아요. 사람에게 무언가가 잘 어울린다고 할 때는 주로 "It looks good on you."를 씁니다. 말 그대로 "네가 착용했을 때 보기가 좋다."라는 뜻입니다. 조화보다는 사람의 시각적 인상을 묘사하는 언어 차이가 드러나죠.

> **오답**
> Ⓐ 어색하게 들리며, match는 두 가지 이상의 아이템이 서로 잘 어울릴 때 사용됨
>
> Ⓑ 사이즈가 너한테 잘 맞아. → fit은 옷이나 신발 등의 사이즈나 크기가 잘 맞는다는 뜻으로, 스타일이 어울린다는 의미로는 쓰이지 않음
>
> Ⓓ 어색한 문장으로, go well with는 두 가지 이상의 아이템이 서로 조화를 이룬다는 의미임

🍀 뉘앙스 차이 이해하기

look good on~ 전치사 on 다음에 사람이 나오며, 옷, 색상, 액세서리가 그 사람에게 잘 어울린다는 뜻
That dress looks good on you.
그 드레스가 너에게 잘 어울려.

go well with~ 전치사 with 다음에 사물이 나오며, 두 개 이상의 아이템, 색상 등이 서로 잘 어울리고 조화를 이룬다는 뜻
That jacket goes well with those pants.
저 재킷이 그 바지와 잘 어울려.

머리카락이 엉켰어.

머리카락이나 실, 전선과 같이 얇은 물체가 서로 꼬여서 매듭이 생겼을 때 '엉켰다'고 표현하죠. 이런 상태를 영어로는 어떻게 표현해야 가장 자연스러울까요?

Ⓐ My hair got caught.
Ⓑ My hair is messy.
Ⓒ My hair is greasy.
Ⓓ My hair got tangled.

❈ 정답   ① My hair got tangled.

머리카락뿐 아니라 가방 속 이어폰 줄이나 케이블 등이 서로 꼬였을 때 '엉켰다'라고 표현하죠. 영어에서는 이럴 때 'tangle'을 씁니다. 이 단어는 '헝클어지다'라는 뜻인데요. 과거분사 형태인 tangled는 '엉킨, 헝클어진' 상태를 의미합니다.

디즈니 영화 '라푼젤'의 영어 제목이 바로 'Tangled'이죠. 주인공 라푼젤의 긴 머리카락이 엉키는 모습뿐만 아니라, 다양한 사건과 모험이 얽힌 복잡한 이야기를 상징하는 제목이기도 합니다.

↳ 오답   Ⓐ 머리카락이 걸렸어. → 머리카락이 어딘가에 걸려 빠져나오지 못하는 상태를 나타냄
   Ⓑ 머리가 지저분하네. → 정돈되지 않은 상태를 나타내며 구체적으로 엉킨 머리카락을 묘사하지는 않음
   Ⓒ 머리카락이 기름져. → 머리카락이 기름지고 떡진 상태를 의미함

❈ 뉘앙스 차이 이해하기

get tangled   실, 머리카락 등이 여러 방향으로 꼬여 복잡하게 엉킨 상태가 되다
   My earphones always get tangled in my bag.
   내 이어폰은 가방 안에서 항상 엉킨다.

get caught   무언가가 물체에 걸리거나 끼여서 움직이지 못하게 되다
   My hair got caught in the zipper.
   머리카락이 지퍼에 끼였어.

단추가 떨어졌어.

옷에 있는 장식이나 단추 등이 분리되었을 때 '떨어졌다'라고 말하는데요. 이걸 영어로는 어떻게 표현해야 자연스러울까요?

Ⓐ The button was separated.
Ⓑ I unbuttoned my shirt.
Ⓒ I dropped the button.
Ⓓ The button came off.

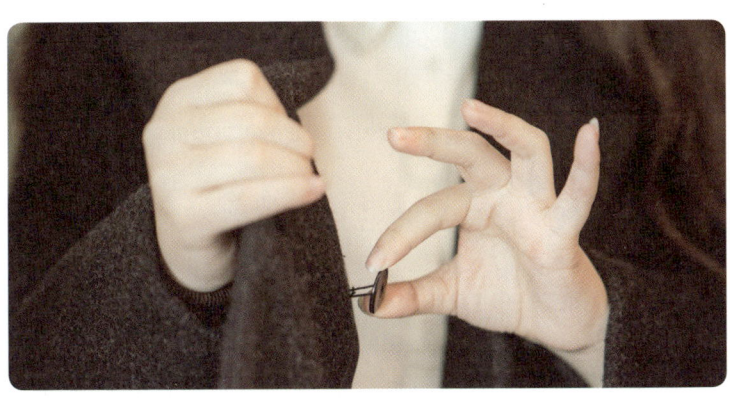

❈ 정답   ① The button came off.

come은 '오다, 되다'의 뜻이 있고, off에는 '떨어져, 분리되어'의 의미가 있죠. 그래서 come off는 '떨어져 나가다, 분리되다'라는 뜻이 있습니다. 어떤 영상에서 한 소녀가 얼굴에 낙서가 지워지지 않아 울다가 "It's coming off!(지워진다!)"라고 외치며 환하게 웃는 것을 본 적이 있는데요. 이렇게 옷에서 단추가 떨어졌을 때뿐 아니라, 얼룩이 지워지거나 스티커가 떨어질 때처럼 어딘가에서 물건이 분리되는 다양한 상황에 쓰일 수 있는 표현입니다.

↳ **오답**   Ⓐ 단추가 분리되었어. → 분리된 상태를 묘사하긴 하지만, 옷에서 단추가 떨어진 상황을 표현하기에는 딱딱하고 어색함
Ⓑ 내가 셔츠 단추를 풀었어. → 직접 풀었다는 의미로, 단추가 저절로 떨어진 상황과는 다름
Ⓒ 단추를 떨어뜨렸어. → 손에서 실수로 단추를 떨어뜨린 상황을 의미

❈ 뉘앙스 차이 이해하기

`come off` (주로 우연히) 단추나 페인트 등 붙어 있던 것이 떨어지거나 벗겨지다
The sticker came off the notebook.
스티커가 공책에서 떨어졌어.

`separate` (의도적으로) 서로 붙어 있던 것이 나뉘거나 분리되다
They separated the pieces carefully.
그들은 조각들을 조심스럽게 분리했어.

선크림을 꼭 발라.

자외선을 차단하고 피부를 보호하기 위해 선크림을 바르는 것이 정말 중요하다고 하죠. 선크림을 잊지 말고 꼭 바르라고 말할 때 어떤 표현이 가장 자연스러울까요?

Ⓐ Make sure to wear sunscreen.
Ⓑ You should rub the sun cream.
Ⓒ You need to have sunblock.
Ⓓ Please spread sunscreen on your face.

❈ 정답 Ⓐ **Make sure to wear sunscreen.**

우리말에서는 의상이나 메이크업과 관련해 구체적이고 다양한 동사를 사용하죠. 예를 들어, 모자는 '쓰다', 화장품은 '바르다', 향수는 '뿌리다'라고 표현하는데요. 하지만 영어에서는 이러한 경우 모두 wear(착용하다)를 사용합니다.

또한, '선크림'은 한국식 영어 표현으로, 실제 영어에서는 사용되지 않아요. 영어로는 sunscreen 또는 sunblock이라고 표현하며, 두 단어 모두 햇빛을 차단한다는 의미를 담고 있습니다. sun(햇빛)과 screen(차단막), block(차단)을 결합한 표현이랍니다.

↳ 오답 Ⓑ 선크림을 문질러야 해. → rub은 '문지르다'라는 뜻으로, 바르는 특정 동작을 묘사하며, sun cream이 아니라 sunscreen이 맞는 표현임
　　　 Ⓒ 선크림을 가지고 있어야 해. → 소지하고 있어야 한다는 의미
　　　 Ⓓ 얼굴에 선크림을 펴 발라 주세요. → spread는 선크림을 얼굴에 펴 바르는 동작을 묘사

❈ 뉘앙스 차이 이해하기

wear 옷, 액세서리, 화장품 등을 이미 몸에 착용하고 있는 상태를 나타내는 동사
She's wearing red lipstick today.
그녀는 오늘 빨간 립스틱을 바르고 있어.

put on 옷이나 액세서리를 착용하거나 화장품을 몸에 바르는 동작 자체를 묘사하는 동사
She put on hand cream after washing her hands.
그녀는 손을 씻은 후에 핸드크림을 발랐어.

꾸안꾸

우리말의 신조어인 '꾸안꾸'라는 표현은 '꾸미지 않은 듯 자연스러운 멋이 있는 스타일'을 의미하는데요. 이 스타일을 영어로 어떻게 표현해야 가장 자연스러울까요?

Ⓐ She looks her best.
Ⓑ She has an effortless style.
Ⓒ She dresses down.
Ⓓ She wears casual clothes.

🍀 정답 ⓑ She has an effortless style.

'꾸안꾸' 스타일의 핵심은 애써 꾸미지 않은 듯해도 세련된 멋이 있다는 것인데요. effort(노력)라는 단어에 -less(~가 없는)를 붙인 effortless (힘들이지 않는, 자연스러운)를 쓸 수 있습니다.

김연아 선수가 어려운 트리플 악셀 점프를 멋지게 해낼 때 해설자가 "She looks effortless!"라고 감탄하는 걸 들은 적이 있어요. 실제로 어려운 일이지만 애쓰지 않고 여유 있는 인상을 주는 단어랍니다.

↳ **오답** Ⓐ 그녀는 최상의 상태로 보인다. → 최고로 멋지게 꾸미거나 차려입었다는 의미
　　　　Ⓒ 그녀는 편안하게 입는다. → dress down은 정장 대신 좀 더 편안하고 격식을 차리지 않은 옷을 입었다는 의미로, dress up의 반대말
　　　　Ⓓ 그녀는 캐주얼한 옷을 입는다. → 꾸미지 않은 스타일은 맞지만 멋스러운 느낌을 전달하기에는 부족함

🍀 뉘앙스 차이 이해하기

look effortless　애쓰지 않고도 멋이 있어 보이다
Watching him cook, everything just looks so effortless.
그가 요리하는 걸 보면 모든 게 정말 쉬워 보여.

look casual　**편한 옷차림이나 격식 없는 태도를 나타냄, 격식을 차리지 않고 편안하게 보이다.**
She looked casual, wearing sneakers and a hoodie.
그녀는 운동화와 후드 티를 입어 캐주얼해 보였다.

눈이 부었어.

저녁에 짠 음식을 많이 먹고 자거나 울면,
다음 날 눈이 부을 때가 있는데요.
이렇게 눈이나 얼굴에 붓기가 있는 것을
영어로는 어떻게 표현할까요?

Ⓐ I have some sleep in my eyes.
Ⓑ I have puffy eyes.
Ⓒ I have bigger eyes.
Ⓓ I have a sty.

🍀 정답   ⒷI have puffy eyes.

영어에서는 염증이나 감염으로 인한 부종과 일시적인 얼굴의 붓기를 구분해서 표현하는 편이에요. swollen은 발목을 삐었거나 다래끼가 났을 때처럼 건강상 문제에 더 자주 쓰이죠.

반면 미용과 관련하여 수면 부족, 피로, 울음 등으로 인해 일시적으로 피부가 푸석푸석하거나 부었을 때는 주로 puffy를 씁니다. puff는 '바람을 불어넣다', '부풀다'라는 뜻이 있는데요. 그래서 어깨 소매가 부푼 디자인의 옷을 바로 '퍼프 소매'라고 하는 것이죠.

↳ **오답**   Ⓐ 눈곱이 꼈어. → 아침에 눈곱이 낀 상태를 설명할 때 사용됨
  Ⓒ 눈이 더 커졌어. → 붓기와는 무관함
  Ⓓ 다래끼가 생겼어. → sty는 '다래끼'를 뜻하며, 눈 주위에 생기는 작은 염증으로 인한 붓기를 나타냄

🍀 뉘앙스 차이 이해하기

puffy 눈 주위나 얼굴이 살짝 부어 있는 상태로, 주로 잠을 많이 자거나 울었을 때
I woke up with a puffy face.
일어나 보니 얼굴이 부었어.

swollen puffy보다 더 심하게 부은 느낌을 주며, 알레르기나 염증 등으로 인해 눈이나 얼굴 전체가 부었을 때
I have swollen eyes from my allergy.
알레르기 때문에 눈이 부었어.

성격 표현

마음이 여려.

감정적으로 섬세하고 거절을 잘 못하는 사람을 보면 '마음이 여리다'라고 하죠. 이런 성향을 영어로 어떻게 표현하는 것이 가장 자연스러울까요?

Ⓐ He is warm-hearted.
Ⓑ He is too weak-minded.
Ⓒ He is hurt.
Ⓓ He is too soft-hearted.

🌸 정답   ① He is too soft-hearted.

우리말의 '여리다'는 단단하지 않고 부드러운 질감을 묘사하거나 의지와 감정이 모질지 못하다는 의미로 쓰여요. 부정적이면서도 긍정적인 의미가 혼합된 느낌의 단어인데요. 단순히 약하다는 것이 아니라 섬세하고 다정하지만 쉽게 상처받는 성향을 나타내죠. 영어에서도 형용사 soft(부드러운) 뒤에 -hearted를 붙여서 부드럽고 여린 성격을 묘사할 수 있습니다. 정이 많고 배려 깊은 사람이라는 긍정적인 인상이 더 강하게 느껴지는 표현이랍니다.

↳ **오답** Ⓐ 그는 따뜻한 성격이야. → 친절한 사람이라는 뜻으로, 감정적 섬세함을 묘사하지는 않음
  Ⓑ 그는 의지가 약해. → -minded를 써서 성격보다는 태도의 특징에 해당함
  Ⓒ 그는 상처받았어. → 감정적 혹은 신체적으로 상처받았거나 다쳤다는 의미로, 성격을 묘사하는 표현은 아님

🌸 뉘앙스 차이 이해하기

soft-hearted   **감정적 민감성을 강조, 여리고 다정한 성격의**
She's too soft-hearted to stay mad at anyone for long.
그녀는 너무 마음이 여려서 누구에게 오래 화를 내지 못한다.

warm-hearted   **따뜻함과 배려심 강조, 친절하며 타인을 돌보고 배려하는**
She is a warm-hearted person who always takes care of others.
그녀는 항상 다른 사람을 돌보는 따뜻한 성격을 가진 사람이다.

주도적이야.

누가 시키지 않아도 먼저 나서서 문제를 해결하거나, 일을 처리하거나, 미리 대비하여 움직이는 적극적인 성격이나 태도를 영어로는 어떻게 표현할까요?

Ⓐ He is a hard-worker.
Ⓑ He is very active.
Ⓒ He is proactive.
Ⓓ He is very lively.

🍀 정답   ⓒ He is proactive.

'주도적이다'라는 말은 업무나 학교 생활에서 칭찬할 때 자주 쓰이는 표현이에요. 먼저 나서서 행동하거나 열정적인 태도를 의미하죠. 영어에서 active는 활발하고 적극적으로 참여하는 걸 묘사한다면, 'proactive'는 pro(앞에)와 active가 합쳐져서 미리 대비하고 자발적으로 문제를 해결하거나 일을 처리하는 태도를 강조해요. 자기주도적인 학습 태도나 자발적인 업무 태도 등을 묘사할 수 있어요.

↳ 오답   Ⓐ 그는 열심히 일해. → hard-worker는 성실하게 일하는 사람을 의미함
　　　　Ⓑ 그는 매우 활동적이야. → active는 모임 등에서 열심히 활동하거나 스포츠 등 신체 활동을 할 때 활동적인 성향을 묘사함
　　　　Ⓓ 그는 매우 활기차. → 생기 있고 활기 넘치는 성격을 의미하지만, 적극적인 성향과는 다름

🍀 뉘앙스 차이 이해하기

proactive   **미리 계획하거나 주도하는 적극적인 태도를 가진**
He was proactive in organizing a study group before the exam.
그는 시험 전에 스터디 그룹을 스스로 만들었다.

active   **활동에 적극적으로 참여하는, 신체적으로 활발하고 에너지가 넘치는**
He leads an active lifestyle.
그는 활동적인 라이프 스타일을 가지고 있다.

성격이 급해.

기다리지 못하고 참을성이 없거나
조바심을 내는 성격일 때
'성격이 급하다'라고 하는데요. 이런 성향을
영어로는 어떻게 표현하면 가장 적절할까요?

Ⓐ She is in a hurry.
Ⓑ She is impatient.
Ⓒ She is quick.
Ⓓ She is rushed.

🌸 정답   Ⓑ She is impatient.

한국에서는 빠르고 효율적인 걸 중요하게 생각하는 문화가 있어서 '성격이 급하다'라는 표현을 자주 써요. 주로 일이 느리게 진행될 때 참지 못하는 성향, 그러니까 기다림에 대한 인내심 부족을 말하죠. 영어로는 'patient'가 초조해하거나 짜증내지 않고 침착하게 참는다는 뜻이에요. 이건 patience(인내)에서 나온 형용사죠.

반대로 'impatient'는 참지 못하고 조급해하는 성향이나 태도를 말하는데, 우리말의 '성격이 급하다'랑 비슷한 의미로 쓸 수 있어요.

오답
- Ⓐ 그녀는 지금 서둘러서 하고 있어. → 성격과는 무관하며 급하게 무언가를 해야 하는 상황을 묘사
- Ⓒ 그녀는 빨라. → 일처리나 생각 등이 빠르다는 의미
- Ⓓ 그녀는 시간에 쫓기고 있어. → 누군가에게 재촉 당하거나 급하게 서두르도록 압박받는 상태를 나타냄

🌸 뉘앙스 차이 이해하기

impatient 참을성이 부족해 서두르는, 기다리는 것을 참지 못하는 태도
He was impatient while waiting for the bus.
그는 버스를 기다리는 동안 마음이 급했다.

rushed 시간이 촉박하여 서두르는, 일정이나 마감 등에 쫓겨서 급하게 일을 처리하는 행동을 묘사
I felt rushed to finish the project before the deadline.
나는 마감 전에 프로젝트를 끝내기 위해 급했다.

생활력이 있어.

생활력이 있다는 것은 어려운 상황에서도 잘 대처하고 스스로 해결하는 성향을 의미하죠. 영어로는 어떻게 표현하는 것이 가장 적절할까요?

Ⓐ She is tough.
Ⓑ She is calculative.
Ⓒ She is free-spirited.
Ⓓ She is a homemaker.

🌸 정답 Ⓐ **She is tough.**

'생활력이 있다'라는 말은 말 그대로 스스로 생활을 꾸려 갈 수 있는 능력이 있다는 뜻이에요. 자립할 수 있고 경제적으로도 자율적이라는 의미죠. 영어에서 tough는 '어려운', '질긴'이라는 뜻도 있지만, '강인한'이라는 의미로도 쓰여서 어려운 상황을 잘 이겨 내는 사람을 표현할 때 딱이에요. independent(독립적인)와 함께 자기 삶을 책임질 만한 능력과 성격을 묘사할 때 쓸 수 있어요.

↳ **오답** Ⓑ 그녀는 계산적이야. → 이익을 따지는 성향을 의미함
　　　　Ⓒ 그녀는 자유로운 영혼이야. → 구속되는 걸 원치 않는 자유로운 성격을 나타냄
　　　　Ⓓ 그녀는 가정주부야. → 살림을 하는 사람이라는 뜻

🌸 뉘앙스 차이 이해하기

tough　　신체적, 정신적으로 어려운 일을 잘 극복하여 쉽게 무너지지 않는, 강인한
She's a tough woman who never gives up.
그녀는 절대 포기하지 않는 강한 여성이에요.

resourceful　자원과 상황을 잘 활용하여 현실적인 해결 능력이 있는
You have to be resourceful to survive on your own.
혼자서도 살아남으려면 상황 대처 능력이 있어야 해.

호감형이야.

직장이나 일상에서 주변 사람들에게 긍정적인 감정을 자연스럽게 이끌어 내는 사람들을 호감형이라고 하죠. 이런 사람의 성격적인 특징을 영어로는 어떻게 표현할까요?

Ⓐ He's total eye candy.
Ⓑ He's my type.
Ⓒ He's very likable.
Ⓓ He's a loving person.

❈ 정답   ⓒ He's very likable.

'호감형'이라는 말은 그 사람의 성격, 태도, 외모 등이 긍정적인 느낌을 주고, 사람들이 쉽게 좋아할 만하다는 평가를 담고 있어요. 영어에서 likable은 'like(좋아하다)'와 '-able(~할 수 있는)'이 합쳐진 단어로, 사람들이 좋아할 만한 사람을 묘사할 때 쓰이죠. 다만, 우리말에서 호감형이 외모적으로도 괜찮다는 뜻으로 쓰이기도 하지만, 영어에서 likable은 외모보다는 긍정적이고 친절한 성격이나 밝은 인상을 강조하는 표현이에요.

↳ **오답**   Ⓐ 그는 정말 매력적이야. → eye candy는 보기만 해도 매력적이고 시선을 사로잡는 외모를 뜻함

Ⓑ 그는 내 스타일이야. → 외모나 성격 등이 자신의 취향에 부합한다는 의미

Ⓓ 그는 다정한 사람이야. → loving은 애정이 많고 다정한 성격을 묘사

❈ 뉘앙스 차이 이해하기

likable   **성격이나 태도, 말투에서 친근감과 호감을 주는**
He's likable and approachable and it makes clients feel comfortable.
그는 호감형이고 다가가기 쉬워서 고객들이 편안하게 느껴요.

eye candy   **시각적으로 매력적이고 멋진 외모를 가진 사람**
The new actor is total eye candy.
그 신인 배우는 정말 눈 호강을 시켜줘.

너무 오지랖이야.

다른 사람의 일에 너무 관심이 많아 사생활을 캐묻거나 조언하는 사람에게 '오지랖이 넓다'고 하는데요. 영어로는 어떻게 표현하는 것이 가장 적절할까요?

Ⓐ He is such a gossip.
Ⓑ He is proactive.
Ⓒ He is too nosy.
Ⓓ He is very busy.

❋ 정답 ⓒ He is too nosy.

우리말의 '오지랖'은 원래 윗옷의 앞자락을 의미한다고 해요. '오지랖이 넓다'는 옷자락이 커서 다른 옷을 다 가리는 것처럼, 다른 사람 일에 쓸데없이 앞장서서 나서는 모양새를 표현하죠.

영어에서는 타인에 대한 관심이 지나친 사람을 nose(코)와 관련하여 표현합니다. 마치 탐지하려는 듯이 '남의 일에 코를 들이대는' 이미지에서 비롯된 것이죠. 다른 사람의 사생활을 지나치게 캐묻거나 참견하려는 사람을 묘사할 때 nosy/노우지/를 써 보세요.

↳ 오답 Ⓐ 그는 남 이야기를 하고 다녀. → gossip은 명사일 때 '소문을 퍼트리는 사람'을 의미
　　　　Ⓑ 그는 적극적이야. → 문제를 해결하려는 의욕적인 태도를 묘사
　　　　Ⓓ 그는 매우 바빠. → "He is a busybody."라고 해야 '참견이 심한 사람'이라는 뜻

❋ 뉘앙스 차이 이해하기

a nosy person　**남의 사생활에 대해 지나치게 관심을 가지며 캐묻는 사람**
She is a bit nosy. She always tries to find out what's happening in other people's lives.
그녀는 좀 오지랖이 있어. 항상 다른 사람의 인생에 무슨 일이 있는지 알아내려고 해.

a gossip　**다른 사람의 사생활과 관련하여 소문을 퍼뜨리거나 이야기하길 즐기는 사람**
Don't be such a gossip. You shouldn't talk about their personal problems.
그렇게 남 이야기 하지 마. 그들의 개인적인 문제를 이야기하지 않는 게 좋아.

애가 순하네.

어린 아이가 잘 울거나 보채지 않을 때 '순하다'라고 표현하는데요. 영어로는 어떻게 표현해야 가장 자연스러울까요?

Ⓐ She seems mild.
Ⓑ She's a kind baby.
Ⓒ She's an easy baby.
Ⓓ She's soft.

✿ 정답 ⓒ She's an easy baby.

우리말에서 '순하다'는 아이가 다루기 쉽고 잘 울거나 보채지 않는 성격을 의미합니다. 영어에서도 비슷한 표현이 있는데요. 아이의 성격이 온순하고 편안하게 보살필 수 있는 경우, 'an easy baby'라는 표현을 사용합니다. easy는 다루기 쉽고 까다롭지 않다는 의미로, 영어권에서 순한 아기를 묘사할 때 자연스럽게 쓰입니다.

오답 Ⓐ mild는 사람보다는 음식, 날씨, 질병 등을 묘사할 때 더 어울리며, 어른의 침착한 성향을 묘사할 때 종종 쓰이긴 하지만 아이의 타고난 성향이 온순하다는 의미로는 어색함
Ⓑ 친절한 아기야. → kind는 어린 아이의 성격을 묘사하기에는 부적절
Ⓓ 그녀는 부드러워. → soft는 부드러운 촉감을 묘사

✿ 뉘앙스 차이 이해하기

an easy baby 성격이 순하고 다루기 쉬운 아기
My mom told me that I was an easy baby.
엄마는 제가 순한 아기였다고 그랬어요.

mild 음식이 맛이 맵거나 강하지 않은, 날씨가 온화한, 약이나 화장품 등이 독하지 않은, 순한
This medication is mild and doesn't cause side effects.
이 약은 순해서 부작용이 없습니다.

애가 당돌하네.

용감한 것과는 달리 뻔뻔하고 무례하거나,
지나치게 당당할 때 '당돌하다'고 하는데요.
영어로는 어떻게 표현해야 가장 자연스러울까요?

Ⓐ She is brave.
Ⓑ She is arrogant.
Ⓒ She has some nerve.
Ⓓ She takes pride in herself.

❈ 정답   ⓒ **She has some nerve.**

nerve는 보통 '신경'이나 '배짱'이라는 뜻이에요. 그런데 누군가에게 'some nerve'가 있다고 하면, "대단한 배짱이네."라는 의미로 쓰이죠. 예를 들어, "You have some nerve showing up here.(여기 나타나다니 너 참 당돌하구나.)"처럼 뒤에 -ing 형태를 붙여서 '~하다니 참 당돌하구나'라고 말할 수 있어요. 이 표현은 부끄러운 줄 모르는 태도를 비꼬는 말로, 단순히 용감하다는 뜻이 아니라 '뻔뻔하다'는 부정적인 뉘앙스가 강해요.

↳ **오답**
- Ⓐ 그녀는 용감해. → brave는 용감하다는 뜻으로, 긍정적인 의미로 용기를 칭찬할 때 사용
- Ⓑ 그녀는 거만해. → arrogant는 건방지거나 거만한 태도를 뜻함
- Ⓓ 그녀는 자부심이 강해. → take pride in oneself는 자신을 자랑스러워하는 긍정적인 표현

❈ 뉘앙스 차이 이해하기

have some nerve   상대가 무례하거나 지나치게 당당할 때 비꼬듯 하는 말, 당돌하다

You have some nerve talking to me like that!
나한테 그렇게 말하다니 정말 당돌하구나!

brave   위험이나 어려움에 용감하게 맞서는 태도를 긍정적인 의미로 칭찬하는 말, 용감한

She was brave enough to stand up for what she believed in.
그녀는 자신이 믿는 것을 위해 싸울 만큼 용감했다.

애가 유난이야.

작은 일로 까다롭게 굴거나 소란을 피우면 '유난스럽다'고 하는데요. 영어로는 어떤 표현을 쓰는 것이 가장 자연스러울까요?

Ⓐ He is fussy.
Ⓑ He is extraordinary.
Ⓒ He stands out.
Ⓓ He is unusual.

🍀 정답 Ⓐ He is fussy.

애가 '유난'이라고 묘사하면 특별히 까탈스럽거나 두드러지게 과한 행동을 지적하는 말이죠. 영어에서는 fussy가 비슷한 의미로 자주 쓰입니다. fuss(소란)는 불필요하게 흥분하거나 걱정하는 소란과 호들갑을 나타내는 명사인데요. 여기에 y를 붙여 fussy(까다로운, 안달복달하는)라는 형용사가 되는 것이죠. 별거 아닌 것에 트집을 잡거나 까탈스러운 행동과 성격 등을 묘사할 때 유용하답니다.

↳ **오답** Ⓑ 그는 특별해. → 칭찬의 의미로, 평범하지 않은 특별한 재능을 가진 사람을 의미

　　　　Ⓒ 그는 눈에 띄어. → 자연스레 주목받거나 두드러지는 성향 또는 외모 등을 묘사할 수 있음

　　　　Ⓓ 그는 일반적이지 않아. → 중립적이거나 부정적인 의미로 '평범하지 않다'는 뜻, 구체적으로 유난스럽다는 뜻을 나타내지는 않음

🍀 뉘앙스 차이 이해하기

He is fussy.　"평소에 까다롭거나 예민한 성격이다." (지속적인 성향)
She is fussy about what she eats.
그녀는 먹는 것에 대해 까다로워요.

He is being fussy.　'be+ing' 형태로, "지금 특정한 상황에서 까다롭게 행동하고 있다."
Stop being fussy over nothing.
아무것도 아닌 일에 유난 좀 그만 떨어.

걔 츤데레야.

'츤데레'는 겉으로는 무뚝뚝해 보이지만 속으로는 다정하고 친절한 사람을 가리키는 일본식 표현이죠. 이런 성격을 영어로는 어떻게 묘사하는 것이 가장 자연스러울까요?

Ⓐ He is kind of cold.
Ⓑ He is a pushover.
Ⓒ He is a hopeless romantic.
Ⓓ He is a softie at heart.

🟠 정답   ⓓ He is a softie at heart.

겉바속촉(겉은 바삭하고 속은 촉촉하다)처럼 겉과 속의 차이가 긍정적으로 묘사될 때가 있죠. 츤데레는 겉으로는 퉁퉁거리지만 속으로는 쑥스러워하거나 다정한 일본 애니메이션 캐릭터들을 묘사하는 단어예요. 영어로는 'softie at heart'라는 표현과 잘 맞아떨어집니다. 영어에서 softie/소프티/는 soft(부드러운)라는 단어에서 파생된 명사로, '마음이 따뜻하고 부드러운 사람'을 뜻해요. 여기에 'at heart(속마음은)'를 붙이면, 겉으로는 강해 보이지만 '속마음은 따뜻하고 부드러운 사람'이라는 뜻이 되는 것이죠.

↳ **오답**   Ⓐ 그는 좀 차가워. → 차가운 성격을 묘사
　　　　 Ⓑ 그는 호구야. → pushover는 너무 순하고 남의 요구에 쉽게 끌려다니는 사람을 의미
　　　　 Ⓒ 그는 지나친 낭만주의자야. → hopeless는 구제불능의 상태를 묘사하는 단어로, 지나치게 낭만적인 생각을 가지고 있다는 뜻

🟠 뉘앙스 차이 이해하기

He is a softie at heart.   "그는 속은 따뜻해." 겉으로는 강해 보이지만 숨겨진 부드러운 면이 있다는 의미
He seems tough, but he's a softie at heart.
그는 강해 보이지만, 사실 속은 부드러운 사람이에요

He is soft-hearted.   "그는 마음이 여려." 따뜻하고 동정심이 많아 사람들에게 도움을 주려는 경향이 있다는 의미
He is soft-hearted and always helps those in need.
그는 마음이 여려서 항상 도움이 필요한 사람들을 도와줘요..

걔는 정신이 없어.

이것저것 정신없이 일을 벌이거나,
정리가 안 되고 산만한 사람을
영어로는 어떻게 표현할 수 있을까요?

     Ⓐ He is all over the place.
     Ⓑ He is spaced out.
     Ⓒ He is overwhelmed.
     Ⓓ He is well-disciplined.

🍀 정답 Ⓐ He is all over the place.

이야기가 두서가 없거나, 일처리에 체계가 없어 혼란스러운 사람을 보면 '정신이 없다'라고 하죠. 영어에서는 이럴 때 all over the place라는 표현을 사용해요. 마치 방 안에 물건들이 여기저기 흩어져 있는 것처럼, 생각이 정돈되지 않고 산만한 상태를 떠올리면 됩니다. 이 표현은 아이디어가 산만하거나 정리가 안 된 상태, 혹은 감정이 들쑥날쑥할 때처럼 다양한 상황에서 사용할 수 있어요.

↳ 오답 Ⓑ 그는 멍해. → 정신이 딴 곳에 있어 무언가를 잘 잊어버리는 상태를 나타냄

Ⓒ 그는 감당하지 못할 정도로 벅차해. → 너무 많은 일이 있어 압박감으로 힘들어한다는 의미

Ⓓ 그는 자기 관리를 잘해. → well-disciplined는 '자기 통제를 잘하는' 것을 뜻하며, 시간 관리나 규칙적인 운동 등 자기 관리를 잘하는 사람을 묘사함

🍀 뉘앙스 차이 이해하기

all over the place 생각, 행동, 감정 등이 무질서하고 정리가 안 되어 있어 정신이 없는

He was so nervous during the interview that he was all over the place.
그는 면접 중에 너무 긴장해서 정신없이 했어.

spaced out 멍하거나 딴 생각을 하느라 집중하지 못하는

Sorry, I was spaced out during the meeting.
미안해. 회의 중에 멍 때리고 있었어.

짜증을 내다.

잠을 잘 못 자거나 컨디션이 안 좋으면
예민해지거나 쉽게 화를 내기도 하는데요.
이렇게 짜증을 내는 상태나 성향 등을 묘사할 때
어떤 단어가 가장 자연스러울까요?

Ⓐ I am level-headed.
Ⓑ I get cranky.
Ⓒ I get upset.
Ⓓ I am laid-back.

✿ 정답   ⓑ I get cranky.

짜증은 무언가 마음에 들지 않거나 불편하여 화를 내거나 불쾌한 감정을 드러내는 것을 말해요. 그냥 화가 난 것과 다르게 사소한 일에도 쉽게 반응하는 뉘앙스가 있죠. 영어에서 cranky는 '쉽게 짜증을 내거나 예민해진 상태'를 뜻합니다. 평소에 화가 많은 성격이 아니더라도 배가 고프거나 잠을 못 자면 감정적으로 더 예민해지는데요. 그럴 때 get cranky라고 하면 '짜증을 내게 되다'의 뜻으로 상태 변화를 강조할 수 있어요.

↳ 오답   ⓐ 나는 침착해. → Level-headed는 침착하고 이성적인 성격을 묘사
　　　　 ⓒ 나는 속상해진다. → upset은 슬프거나 화나는 감정 등이 올라와 속상하다는 의미
　　　　 ⓓ 나는 느긋하다. → laid-back은 스트레스를 받지 않고 여유롭고 침착한 성격을 뜻함

✿ 뉘앙스 차이 이해하기

get cranky　짜증을 내게 되다, 특정 상황에서 예민하게 감정이 '변화'한다는 것을 강조
I get cranky when I'm hungry.
나는 배고프면 짜증을 내.

be cranky　현재 혹은 지속적으로 짜증이 나 있다, 감정 상태를 그대로 전달
He's always cranky in the mornings.
그는 아침마다 항상 짜증이 많아.

그 사람 좀 쎄해.

표정이 돌변하거나, 앞뒤가 안 맞는 말을 해서 어떤 사람에게 이상한 느낌이 들면 '쎄하다'라고 표현하는데요. 영어에서는 이런 느낌을 어떻게 표현해야 가장 자연스러울까요?

Ⓐ He seems off.
Ⓑ He is very intuitive.
Ⓒ He has a bad feeling.
Ⓓ He is suspicious of me.

🍀 정답 Ⓐ He seems off.

상황이나 사람에 대해 직관적으로 이상하다고 느낄 때, 우리말로는 '쎄하다'라고 표현합니다. 영어에서는 이런 느낌을 'off'라는 단어로 나타내요. off는 원래 '정상 상태에서 벗어났다'는 뜻으로, 음식이 상했을 때도 "The milk tastes off.(우유 맛이 이상하다.)"처럼 사용해요. 마찬가지로 사람이나 상황이 평소와 다르거나 부자연스러울 때도 off를 씁니다. "He feels off.(그 사람 느낌이 쎄해.)" 또는 "He seems off.(그 사람 뭔가 이상한 것 같아.)"라고 표현할 수 있어요.

↳ **오답** Ⓑ 그는 매우 직관적이야. → 상황을 빠르게 파악하거나 속마음을 잘 읽는 등의 능력을 칭찬하는 말

Ⓒ 그는 안 좋은 예감이 들었어. → 그가 어떤 일에 대해 느낌이 좋지 않아 한다는 의미

Ⓓ 그는 나를 의심스러워한다. → suspicious는 '의심스러운 기분이 든다'라는 뜻도 되고, 주어가 '의심스러운' 사람이라는 뜻도 되는데, 이 문장에서는 그가 나를 의심스러워하고 있다는 뜻

🍀 뉘앙스 차이 이해하기

off **직관적으로 뭔가 이상하거나 부자연스러운, 평소와 다르거나 일반적이지 않아서 찜찜한 기분이 드는**
Something feels off about this place.
여기 어딘가 이상해 보인다.

suspicious **구체적으로 불법적이거나 부정적인 요소가 있다는 의혹이 드는, 의심스러운**
The package was suspicious, so I called the police.
그 소포가 의심스러워서 경찰에 신고했어.

소탈한 사람이야.

겉치레가 없고, 검소한 사람을 영어로는 뭐라고 표현해야 가장 자연스러울까요?

Ⓐ He seems ordinary.
Ⓑ He has a big head.
Ⓒ He is down to earth.
Ⓓ He is easygoing.

❀ 정답 ⓒ **He is down to earth.**

사치스럽거나 격식에 매이지 않고 솔직하고 친근한 성격을 가진 사람을 '소탈하다'라고 하죠. 영어권에서도 높은 지위에 있거나 유명한 사람들의 이러한 덕목은 높게 평가돼요. 특히 down-to-earth(실제적인)는 현실적이고 겸손한 태도를 가진 리더나 유명인을 칭찬할 때 자주 사용돼요. 이 표현은 말 그대로 '땅에 내려와 있다'라는 뉘앙스를 담고 있어, 지나치게 이상적이거나 우월함을 추구하기보다는 검소하고 현실적인 감각을 지닌 사람을 뜻합니다.

→ 오답   Ⓐ 그는 평범해 보인다. → 특별히 눈에 띄거나 특이하지 않다는 의미
　　　　Ⓑ 그는 거만하다. → 자존심이 쎄고 스스로를 과대평가한다는 뜻
　　　　Ⓓ 그는 성격이 느긋해. → 털털하고 화를 잘 내지 않는 성격이라는 뜻

❀ 뉘앙스 차이 이해하기

| down-to-earth | 현실적이고, 소박하며, 친근한 태도를 가져 서민적인 |

Despite her fame, she's very down-to-earth.
그녀는 유명함에도 불구하고 매우 소박하다.

| humble | 자신의 능력 등에 대해 과시하지 않고 겸손한 |

She is humble about her achievements.
그녀는 자신의 성취에 대해 겸손하다.